政権交代、始まる

炎上上等！
タブーなき政治の真実

泉 房穂
Fusaho Izumi

光文社

【はじめに】これでも私は発言を抑えていた

’23年4月30日、私は3期12年に及んだ明石市長の任を終えた。その間、「暴言」がきっかけで一度辞職して再選し、’22年10月にも市議を恫喝したなどとして問責決議を受け、結局、市長を退職することになった。たしかに私は口が悪い。ただ市長としては、これでも発言を抑えていた。歯に衣着せぬどころか、ガーゼでグルグル巻きにしていたようなもの。

自由の身となり、できるだけ〝ホンネ〟を言わせてもらいたい――。そこで、辞職直後の’23年5月から「週刊ＦＬＡＳＨ」で、日々のニュースについて、忖度マスコミが報じない問題の核心に迫る連載を始めた。それをまとめたのが本書である。だから一冊で、ここ1年で起こったおもな出来事を辿ることができる。

ここで、私が市長としておこなってきたことを少しご紹介したい。

ひとつは、「子どもは未来」をまちづくりの基本方針に掲げた数々の施策。まあ、子ども政策なんて、誰でも口では言うが、本気で取り組んだ政治家はいなかった。子供を応援すると街が元気になり、老若男女がハッピーになるということを私は示したつもり。

さらに「誰一人取り残さない」というビジョン。つまり、一人親家庭の子供や障害者など、弱い立場の人たちを支援した。離婚家庭の養育費の立て替えもそのひとつ。

こうした政策の結果、明石市は10年連続で人口増を成し遂げた。その増加率も、全国に62ある中核市のなかで第1位。もっとも、人口増が目的ではなく、市民が暮らしやすいまちづくりをした結果として人口が増えた。

しかし、私の「改革」に対し、抵抗する〝敵〟も当然現われた。私は彼らと徹底的に闘ってきた。

明石市は過剰な公共事業など、俗に「ムダ」と言われる部分を削り、子供をはじめとする市民に振り向けてきた。私の施策は子供や障害者、高齢者らには喜ばれたが、一方で怒る人が出てくる。誰かというと、これまで〝おいしい〟思いをしてきた一部の業界団体、そして彼らと結託した市議会議員。

子ども予算は2・38倍に増やしたが、公共事業費は3割、4割減らしたから、減らされた側は「ええかげんにせえよ」となる。ただ、私に言わせれば、これまでが異常だった。偏ったカネの配分を適正化しただけのこと。

市職員の総人件費も20億円減らした。これまでは、昼間はタバコ休憩をゆっくり取って働かず、残業代で稼いでいた職員が多かった。そこで、残業代を半分にしたもんやから、彼らの恨みを買った。

カネ以外は、「人」に手をつけた。明石市では「適時適材適所」を掲げている。まず「適時」については、ほかの自治体の定例人事異動が年に1回のところ、明石は年間27回やった。つまり、隔週で月2回。そらまあ、役所文化に染まった職員は「やめてくれ」と言うでしょう。

加えて「適材適所」で、これまで必ず部長や課長になれた人がなれなくなった。「適材」でない職員は、出世できなくなったわけ。私が市長になった当時は58歳、59歳の定年間際にご褒美のような形で部長になる慣習やったが、それを全部やめた。今は30代の課長も、40代の部長もいる。

明石市は職員の数も、じつは人口割合で、兵庫県でもっとも少ない。これは少数精鋭化を図ったから。たとえば、弁護士などさまざまな資格を持っている職員を採用することによって、「1人で2人分働ける」人材を増やした。だから、市民にとってはハッピーやけど、一部の職員からすると「かなわん」となった。

ただ、市民は私を理解してくれていて、私が街頭に立つと、「マスコミに負けないで」と多くの声援を送ってくれた。'23年4月の市長選で私の後継として立った丸谷聡子さんが圧勝したように、明石市民は私を信じ続けてくれた。

政治家はしっかりと市民、国民を見て仕事をし、自らの責任と決断で社会を動かさなあかん。私は、それを明石で実践してきたつもり。

「FLASH」の連載では、政治家、官僚、財界人、論客などさまざまな人たちについて論じさせてもらった。そして、「炎上市長」という私の代名詞が現実となり、SNSなどで場外乱闘をしたことも数々。

最大のケンカ相手は岸田文雄首相。第1章「岸田政治が日本を滅ぼす」では、岸田首相がおこなった数々の悪政に対し、忖度なしで厳しく批判してきた。第2章「派閥と裏金」では、自民党の金権政治が生み出したリクルート事件以来といわれる疑獄について、私独自の視点で追及した。

第3章「財界支配と御用マスコミ」では、財界人から〝反響〟があった。国民生活の苦しさがわからないという意味で「スーパーで買い物をしたことがない」と指摘すると、経済同友会の代表幹事であるサントリーの新浪剛史社長が、「失礼なことを言うな。スーパーにも行くしコンビニにも行く」と言い返してきた。論点を取り違えているのだが……。また、あるジャーナリストとの共演が続いていたのに急にその番組に呼ばれなくなったり、出演は選挙の応援をしないことが条件になったりと、マスコミとの関係は悩ましい。権力に対するマスコミの忖度は終わっていないのが現実やね。

ジャーナリストの田原総一朗さんにも直言した。かつて『朝まで生テレビ！』のスタッフだった経験から、今の『朝生』がつまらなくなったと感じ、私は田原さんに「去り際の美学」を提言した。田原さんは批判をおもしろいと受け取めてくださり、今ではしょっちゅうお会いしている。ホリエモンこと堀江貴文さんには、「政治とカネ」のテーマでお怒りを招き、ご迷惑をおかけしたこともあった。その後、お詫びをして、今は元の関係に戻っている。

第4章「私が政治家になった理由」では、私が政治家を志した原点を改めて知っていただくことができると思う。そして、第5章「政権交代はこう起こす」では、自民党政治に終止符を打ち、苦しむ国民に寄り添う「救民内閣」樹立までの具体的な道筋を提言した。

地方で市民派が自公に連勝しているように、政権交代はもう始まっている。夜明けは近いと私は本気で思っている。ご一読いただければ、きっとお分かりいただけるはずだ。

2024年5月

泉　房穂

目次

第2章○派閥と裏金　最大派閥・安倍派を解散に追い込んだ疑獄

第1章

岸田政治が日本を滅ぼす

自民党支配の末路

【「異次元の少子化対策」の中身】

どれを実行しても効果はない。国債で財源確保できるなら、国民に負担を求めるな！

岸田文雄首相の長男で、元首相秘書官の翔太郎氏の問題では、首相の〝身内ファースト〟の姿勢が露《あら》わになった。首相の外遊中に公用車で買い物や観光をしたり、公邸で忘年会をしたりとやりたい放題で、年に1千300万円以上もらっとったんやからびっくりするわ。

政治家にいちばん必要なのは、人事で公私混同は絶対しないという厳しい姿勢。私は、それを明石市長として貫いた。

'11年、市長になったときに最初にやったのが、妻の父のクビを切ることやった。

地元で旅館業を営んでいた義父は当時、観光協会の会長をコツコツと真面目に続けていたが、私が市長になった瞬間に「辞めてください」と、お引き取りを願った。そして、個人的な関係がまったくない別の方に会長になってもらった。

さらに、選挙運動の中心となって動いてくれた長年の友人も、市長当選後に〝出入り禁止〟

にした。彼はそれまで、毎月のように市長室を訪れていた市政の有力者の一人やったけど、私が市長になってから12年間、一度も市長室には来なかった。

なぜ、ここまでするか。それは、政治というものは市民の信頼を得ないと成り立たないから。市長の親戚や友人が重要なポストにいるだけで、市民の誤解を招きかねない。もちろん、義父や友人を特別扱いしたことは一切ないが、疑われるようなことはやらんほうがいいと考えた。この姿勢が、市民に評価されたんちゃいますか。だからこそ、明石でさまざまな改革を実行できたと思っている。

そんな私からすれば、岸田首相のように、自分の息子を秘書官にするなど論外。息子が仮に優秀であったとしても、家族を登用するのは禁じ手。しかも、当初は「厳重注意」にとどめてかばい続けてきた。親も子も、それが「国民の目にどう映っているか」という想像力が欠けていた。

予算3・5兆円は少なすぎて情けない

岸田首相には息子じゃなくて、日本全体の子供たちを大事にしてほしい。今こそ子ども予算を倍増し、子供のための施策を実行するチャンスなんや。

ところが、明らかになりつつある「異次元の少子化対策」の中身は話にならん。どれをやっても、なんの効果もない。項目ごとに問題を指摘していこうと思う。

まず、全体の予算は3・5兆円。これには、少子化対策とは直接関係がないものまで含まれているし、金額が少なすぎて情けない。

たとえば、経済的支援強化に1・5兆円。これでは、ほとんど何もできない。経済的支援だけで3兆円にすべき。

児童手当の強化として「第3子以降に月3万円を支給」とされているが、第3子からでは遅い。カネの問題で国民は出産を躊躇しているんやから、第1子、第2子についても手当を厚くせなあかん。

医療費の無償化にしても、一部限定ではなく、18歳までの所得制限なしでの完全無償化が必要。そして、医療費のみならず、保育料も給食費も、国が全国一律で無償化すべきや。

教育費の負担軽減が謳われているけど、軽減ではなく、無償化なくして少子化は止まらない。

奨学金も、低所得者層限定では効果がない。

幼児教育・保育の質向上も掲げられているが、質の向上は当然のことで、これは新たな対策には当たらない。

そして、共働き・共育ての推進に0・7兆円。やるなとは言わんけど、これも当たり前のことで、あえて提示する必要はない。

財源についても問題だらけ。所得に占める税金や社会保険料の割合である国民負担率が、日本は約47％と、諸外国並み。今以上に国民が負担する必要はなく、政治の責任で財源を確保すべき。

保険料は後から上げるのが見え見え

「支援金制度」を創設し、約1兆円を調達するとされているが、そのために社会保険料を「月500円」上げることが想定されている。しかも、扶養控除の廃止の案も上がっている。これらは、国民の生活を苦しめる愚策。保険料の上乗せも500円ですむはずがないし、後で上げていくという寸法が見え見え。

また、社会保障費の歳出改革の徹底で1・1兆円を捻出するという。今の国の政治は無駄遣いだらけなんやから、歳出改革だけで、もっと多額の財源を捻出できるはずよ。

消費税収の活用をいうなら、「財源がない」と、政府に忖度して報道している新聞の軽減税率8％を廃止し、10％にしてみてはいかがか。

こども特例公債導入の案もあるが、公債で当面の財源が確保できるなら、急いで国民に負担を求める必要は、そもそもない。

こうして見ていくと、少子化対策の政府案は、まったく不十分。とりあえず、官僚が作った案を並べてみただけ。

子育て政策のポイントは、子育てをしたい人や、すでにしている人に「安心」を提供すること。「これで高校、大学に通うまでちゃんと学費を払い続けられるから子供を産んでも大丈夫」と、思ってもらうことが重要なんや。

当然、いちばん必要な対策は、子育てや教育にかかる費用の大胆な負担軽減、さらには無償化ですわ。

しかし、今回の案のような、気持ち程度の児童手当や奨学金の拡充では意味がない。しかも所得制限があれば、夫婦で頑張って一生懸命稼いでいる世帯は対象から外れるわけやから、これでは「頑張るな」というメッセージにしかならん。少子化に歯止めをかけるどころか、加速させる政策と言わざるを得ない。

政策を実行するにはスピード感も大事。対策案では「'30年代」に向けて実行すると言っているが、いつの話やねん！　3年以上先のことなんて、政治の世界では〝空手形〟ですわ。1年以内にやるべきや。

岸田首相自ら「異次元」とまで言っておられたのに、出てきた案がこれかい！　しかも、財源の議論は先延ばし？　そして、その負担を国民に負わせるんかい！　国民は三重の失望ですわ。異次元なんて言わんでええから、普通の少子化対策をせえよ。

明石ではすでに子ども予算を倍増し、医療費、保育料、給食費、おむつ代、公共施設の利用料の「5つの無料化」を実現した。児童手当についても、18歳まで所得制限なしの給付を、'24年度からスタートしている。

明石のような小さな街でできたことを、国はなぜできないのか。明石では市民の負担なしにやっている施策を、国はなぜ国民に負担させて実行しようとするのか。理由はシンプルで、子供を優先した予算シフトができていないから。

だがそれは、予算編成権と人事権という絶大な力を持つ首相が決断すれば、すぐに実行できること。岸田首相には、いくらまわりが反対しようが、自分の息子を秘書官にした〝決断力〟がおありや。子ども政策も、ぜひ大胆に即断即決をお願いしたい。

【広島サミットは本当に成功？】

御用マスコミの礼賛報道で人気は一時的に上昇。たんなる「見世物政治」の成果で、中身はない

'23年5月に開催されたG7広島サミットは、ウクライナのゼレンスキー大統領が電撃訪問し、一気に盛り上がった。岸田文雄首相とゼレンスキー大統領が、一緒に原爆死没者慰霊碑に献花する姿に感動した人も多いと思う。しかし私は、サミット自体は中身がほとんどなかったと思っている。

各国首脳が、みんなで広島平和記念資料館を見学している映像を連日〝御用マスコミ〟が報じれば、そら国民も共感しますわ。「平和のために頑張ってるやん」と。

しかし、被爆地の広島で開催したのに、核廃絶に向けて何も前進しなかった。核兵器禁止条約については議論さえされず、むしろ「核抑止力」ばかりが強調され、被爆者の方々を失望させるような内容やった。もっと日本が音頭を取って、核の問題に向き合わなあかんかったのに、「平和は大事」と訴えるフリをしただけ。そのほか、何か議論が深まったり、新しい方針が打

ち出されたりしたわけではない。

サミットで、いちばん評価を上げたのはほかならぬ岸田総理。サミット開催中の世論調査で岸田政権の支持率は軒並み10％近くもハネ上がったが、まさに「見世物政治」の成果。マスコミと結託した政治家、官僚のトライアングルによる、ある種の世論誘導がなされたわけや。

サミットの〝成功〟によって、解散総選挙の可能性が高まったといわれた。じつは最近、複数の政治家から「一緒に新党を作ろう」というオファーが私のところに来ている。今のままでは選挙で勝つのはしんどい政治家が、「溺れる者は藁をも掴む」という感じで私に相談してくるのだ。

選択肢が2つになれば状況は一瞬で変わる

日本維新の会が強いという報道はよくされるが、じつはさほど伸びていない。とくに維新の人気が高いわけやなく、今の自公の古い政治が嫌で、やむなく維新支持を表明しているだけ。消去法で残った選択肢に過ぎんから、維新の支持層なんて移ろいやすいもんですわ。

そういう意味で、有権者の選択肢がない。今の古い政治に代わる、セカンドチョイスがない状況やから、有権者の一種の〝諦め〟で現政権は続いている。

しかし政治は、「一寸先は闇」。小選挙区である以上、現状を選ぶか、違うシナリオを選ぶかの2つの選択肢になれば、状況は一瞬で変わるはず。小池百合子さん（東京都知事）の「希望の党」のブームが好例や。

とくに、今の自民党系の議員というのは、ほとんど小選挙区の選挙しか経験していない。だから地力がなく、世論の潮目が変わった瞬間、票を失って選挙情勢はひっくり返る。実際、明石市で私はそれを証明した。'23年4月の市長選では、私が後継指名した丸谷聡子さんが、自民と公明がガッチリ組んだ対立候補を相手にダブルスコアで勝ったし、市議選では、私が代表を務めた「明石市民の会」の候補5人が全員当選、上位4位までを占める圧勝やった。

こうした勝利は、明石市だからできたと思われるかもしれんけど、全国でも自公に勝つ方法はある。少なくとも兵庫や大阪の関西エリアなどでは、自公以外の候補が勝って、バンバン方針転換をしていっている。私は一貫して「支持政党なし」やけど、政党どうのこうのではなく、やはり市民は自分たちのほうを向いた政治をしてくれるかどうかを見極めている。

それは国政でも同じ。「給料が上がらんのに、これ以上負担を増やすな」。これが国民のリアルな本音。それなのに、自公政権は、もっと負担を増やす政策を進めようとする。今の古い政治は、国民の不満に対する打開策を見出せていない。それはすなわち、いわゆる既得権益にメスを入れず、国民生活を守る方向に予算をシフトできていないということ。そこを思い切って、「増税はしません、国民の負担を減らして教育費も無償化します」と主張すれば、多くの国民の賛同を得られるはずや。そういう勢力が出てくれれば、〝大化け〟するかもしれんよ。

じつは自民も危機感を持っている。だからこそ、急に「子供」「子供」と言いだした。茂木敏充幹事長なんか、本音のところは知らんけど、急に児童手当の所得制限の撤廃とか、給食費は無償とか言っているわけやから。自民内でも、世論に敏感な方々は舵を切るしかないという判断になっているんやと思うね。

ところで、衆議院解散になれば、小池さんが出馬するという説もあるようやけど、そうなったとしても別に驚かんね。

小池さんは、ご自身の年齢からしても、これ以上、漫然と都知事を続けたいとは思っていないはず。小池さんは、細川護熙さん（元首相）が日本新党を作ったときに飛んでいったし、その後も、小沢一郎さん（衆院議員）や小泉純一郎さん（元首相）などの実力者にくっついた。前原誠司さん（衆院議員）とも、希望の党への合流時に関わった。その時々で、教訓を得たはずや。

次の総選挙で、小池さんは少なくとも国政への復帰を考えはると思う。

もちろん私の推測に過ぎんけど、誰もがびっくりするくらいのことが起こらないと、日本の政治は変わらん。政治はドラマ。いつもの登場人物、古い脚本のままでは国民はついてこん。あらゆる可能性がある政治のほうが、国民も期待してくれます。

【マイナンバーカード】

私はいまだ取得せず。「任意」とは、国が責任を取らんということ！

「マイナ保険証に別人の情報の誤登録7千372件」「別人のマイナンバーに公金受取口座の誤登録748件」「マイナ保険証で医療費を10割負担させられた例533件」……。マイナンバーをめぐるトラブルが続々発生。岸田文雄首相は'23年6月12日、国民に陳謝したが、それですむ話やない。

要は、本人と別人を間違えたという話ばかりで、そんなもん〝イロハのイ〟やないかい！

政府はマイナンバーカード普及のために7、8年かけ、キャンペーンに2兆円も使ってきたのに、初歩的なミスを犯した。しかも、当初は問題を隠していた。トラブルが起きたことを正直に伝えたうえで、「直ちに改善します」と、国民を安心させるべきやった。これでは、個人の大事な情報を国にまかせられんわ。

若干、硬い話になるけど、弁護士の視点からいうと、今回の問題は「国家論」にも繋がる。

まず、「国家からの自由」が危うくなっている。

「国家からの自由」とは、簡単にいえば、「国によって個人のプライバシーが暴かれることはない」「個人情報は守られる」と、国が保証すること。その最低限の自由が侵された。

そしてもうひとつ、「国家による自由」もある。国民はよりよい生活のために、国に対して社会保障を手厚くすることなどを求める権利がある。それは「社会権」と呼ばれ、その行使により国が動く結果、得られる自由だから、「国家による自由」といわれる。

取得したくない人に寄り添う

要するに、国は国民の利益になる政策をおこなわなければならない。でも、マイナンバー制度は、そもそもなんのために導入するのか、その目的がクリアじゃない。

誤解なきよう言っておきますが、私はマイナンバー制度に、絶対に反対というわけではない。あえていえば「中立」のスタンス。個人情報が漏れないように対策を万全にするという条件付きで、マイナンバーにはプラスの面もあると思う。

たとえば、児童虐待で多くの子供が亡くなっている。命や生活を守るためには、情報を一元的に管理する必要がある。そのために、マイナンバーは有効やと思います。

たとえば、明石市では子供の養育費や犯罪被害者への損害賠償金の立て替えをおこなっていて、それは市民の税金で賄っている。ところが、養育費を支払うべき父親や、賠償金を負担すべき加害者は、明石以外に住んでいることも多い。だから、立て替えたお金の回収は大変。

ここでマイナンバーがあれば、養育費や賠償金を負担すべき人の収入や資産状況が調べられるようになる。

国はマイナンバーカードを普及させる理由として、「ほかの国も実施している」と説明している。しかし、アメリカやフランスは、社会保障目的に限定している。日本みたいに、運転免許証や健康保険証、母子手帳までぶち込んでしまおうという国は珍しい。あれもこれも一緒にすると、情報が漏れるリスクが高まるし、すべて紐づけるメリットもわからない。

だって、身分証明のためならすでに運転免許証があるし、健康保険証だってなんで作り直さなあかんねん。お年寄りが困るだけですやん。それに、なんで行政情報に民間の情報まで紐づける必要があるん？　そもそも〝マイナンバー〟という言葉がおかしい。国が勝手に数字を決めるから、「私の数字」ちゃいますやん。

この制度をおこなうことで国民が幸せになれるのか、今までの不利益が解消されるのか……。議論がほとんどないまま導入されてしまったのが、最大の問題やと思います。

じつは、私は市長時代から今までマイナンバーカードを取得していない。市長が率先して取得して「全員取れ」と号令をかけるのが普通だろうが、私は「少数者の味方でありたい」と思った。なかには、マイナンバーカードを取りたくない人もおるやろうなと。だったら、そういう人が取らなくてすむように、私が「最後の一人」になろうと思ったわけや。

もちろん明石市でも、マイナンバーカードを取りたい人がスムーズに取れるように、ちゃんと職員を増やして情報提供や手続きをやってきた。明石市のマイナンバーカード取得率が、ほかの自治体と比べて低いわけでもない。

そもそも、マイナンバーカードの取得は「強制」やなくて「任意」やからね。全員が取らなきゃいけないというなら、義務や強制にすればいいわけで、そうすれば、安全対策は国の責任でやることになるから、もし個人情報が流出したら、国が補償したり賠償したりできるようになる。

「任意」というのは、要は、国が責任を取らんということで、「それやったら遠慮します」という人も当然出てくる。これは新型コロナのワクチンと同じで、打ちたい人も、打ちたくない人もいる。健康にかかわる問題やから、打ちたくない人にも配慮すべき。

しかも、マイナンバーカードなんて取らなくても命にかかわる話じゃない。取りたくない人がいる限り、明石市長としては、そういう人に寄り添いたいと思った。

それにしても、なぜこんなに次々と問題が起こるのか。国民を見ずに、自分たちの仲間うちでやってるからやろうね。今回のマイナンバー制度は、既得権益を生む典型例。マイナンバーを管轄する総務省にとっては、仕事も予算も増える。広告業界も莫大な広告収入が期待できる。その利権構造に、政治家もつるんでいるはず。まさに、政官財とマスコミがマイナンバーに群がっているという構図ちゃいますか。

マスコミも、かつて「国民総背番号制」が問題になったときには、反対の大キャンペーンを張ったものだが、隔世の感がある。当時も個人情報が漏れると問題になった。それは何も変わっていないのに、今回は、マイナンバーカード普及を後押しするような報道ばかりが目立つ。マスコミも結託しているとしか思えん。

そして、私が絶対おかしいと思うのは、普及のために「マイナポイント2万円分」付与など、札束で頬っぺたを引っぱたくようなキャンペーンで煽ってきたこと。その札束の原資は、私たちの税金ということを忘れてはならない。

人間はニンジンをブラ下げられたら弱いけど、そういう政策はある意味、国民に対する冒涜《ぼうとく》ですわ。「国がお金をあげるからマイナンバーカードを取得してください」。これでは、あまりにみっともない。岸田首相も謝るくらいなら、堂々とマイナンバーカードのメリットを主張すればいい。政治家なら、もっと胸を張れることをやらんかい！

【内閣不信任決議案】

時の首相が勝手に解散するくらいなら、毎年10月に総選挙をやるのが合理的や！

'23年6月16日に立憲民主党が提出した内閣不信任決議案は、与党のみならず野党の一部もこぞって反対、棄権し、あっさり否決された。しかも、その前日に岸田文雄首相が「今国会での解散は考えていない」と明言したもんやから、肩透かしの感じになった。不信任案可決、そして解散という、大方のマスコミの予測は大外れだったわけや。

まあ、不信任案が否決されるのは、初めからわかっとった。「会期末の年中行事」と言われても仕方ないし、「今の政治はよくないよね」というメッセージ程度の意味しかなかったといえる。

萩生田光一政調会長は、「不信任決議案提出は解散の大義になる」と言っていたが、そんなのは方便。だって、「大義」があってもなくても、歴代の自民党政権は、好きなときに解散してきたやん。

過去の例を見ても、不信任案が通ったことはほとんどない。戦後、不信任案は57回出されたが、わずか4回しか可決されていない。そして前回（'93年）の可決以後、今回の否決まで28連敗中ですわ。

なぜ、これほど野党は負け続けるのか。それは当たり前であって、国民が選んだ衆参両院の議員が総理を選ぶ仕組みだから、野党が不信任案を出しても、よほどのことがなければ多数派の与党が否決する。

それでも、歴史をひもとくと、可決されたことは4回ある。

最初は'48年12月23日、第2次吉田茂内閣の「馴れ合い解散」。このときは、可決227、否決130と、歴代最大の票差で可決された。

当時の吉田内閣は総選挙により政権基盤を確立しようとして野党と打ち合わせ、野党が提出した不信任案に与党も賛成して可決し、衆議院を解散した。要するに与野党がケンカしたのではなく、両者が約束通りに事を運んだだけ。

衆議院の解散については、憲法で次のように規定されている。7条では「天皇が内閣の助言と承認によりおこなう」と書かれ、69条では「内閣不信任決議案が可決された場合に、10日以内に衆議院を解散するか、内閣総辞職をしなければならない」とされている。

このうち、7条解散については、事実上、総理大臣が自分に都合のいい時期を選んで決めることができると解釈されている。ここから、解散権は「総理の専権事項」「伝家の宝刀」と呼ばれるわけや。

「馴れ合い解散」の当時は、解散は69条によってしかおこなえないという法解釈が主流で、解散するためには不信任案を可決する方法しかなかった。

不信任案が可決された2回めの例は、'53年3月14日、第4次吉田茂内閣の「バカヤロー解散」。吉田首相が国会で社会党議員の追及に対し、「ばかやろう」と漏らしたことで、野党が懲罰動議とともに不信任案を提出し、可決され解散総選挙となった。私も市長時代に失言で問責決議を受けましたが、政治家は発言に気をつけなあきまへん。

3回めは'80年5月19日、第2次大平正芳内閣の「ハプニング解散」。内閣不信任決議案が可決され、解散となりましたが、与党議員が遅刻して本会議場に入れなかったなど、与野党ともに不測の解散であったことから「ハプニング」とされた。

そして、4回めは'93年6月18日の宮澤喜一内閣での「嘘つき解散」。

これは、宮澤首相が、ジャーナリストの田原総一朗氏によるインタビューで「今国会中に衆議院の選挙制度改革をやる」と公約しておきながら、自民党内の意見をまとめ切れず、次の国会へ先送りした。これに「嘘つき」と野党が反発し、不信任案を提出。自民内からも造反者が出て可決、解散総選挙が実施された。

時の総理は好き放題に解散してきた

こう見てくると、ハプニングが起こるか、総理を指名した多数派の与党が分裂したり造反しない限り、内閣不信任決議案の可決には至らない。そして「嘘つき解散」を最後に、不信任案可決による解散は、30年以上起きていない。

それはまさに、日本の「失われた30年」と同じ時期。経済成長はせず、給料は上がらず、国民が貧しくなっていった時代と、不信任案が通らなくなった時代とが重なっている。これは単なる偶然ではなく、政治に緊張感がなくなり、マスコミや学者も権力側にくっついていた状況と無関係ではないと、私は思っている。

今は7条解散ばかりやけど、これについては、かつて違憲訴訟が起こって最高裁まで争われたことがある。しかし、「統治行為論」で退けられた。これは「政治の話は政治でやってくれ。裁判所は関与しない」という考え方で、時の権力がやりたい放題に自分たちに有利なタイミングで解散できる後ろ盾になった。

戦後、総選挙は28回おこなわれてきた。このうち、衆議院議員の4年の任期満了に伴う選挙は、'76年12月の三木武夫内閣時代の1回だけ。

当時、三木首相は田中角栄元首相による「ロッキード事件」の疑惑追及に積極的だったが、これに反発する自民内では解散阻止の声が圧倒的に多く、三木首相は解散権を行使できないまま任期満了を迎えた。要するに、不信任決議案が可決した際を除く23回の解散は、全部、時の総理が勝手にやった「好き放題解散」なんですわ。

さて、ここからが私の提案。総理に好き勝手に解散させるよりも、総選挙を毎年1回、やればええんやないかと。

時期は10月がいいと思う。10月に総選挙をすれば、たとえば少子化対策の子ども予算や防衛費の増額などについて国民に問い、選挙結果を踏まえて、11月以降に始まる新年度の予算編成に反映できるわけや。だから、毎年10月に選挙をすると決めればいい。それがいちばん合理的やと思います。

【検証・アベノミクス】

強きを助け、数字をごまかした。実質賃金も下落。岸田総理よ、国民負担をまず減らせ

安倍晋三元総理の実績といえば「アベノミクス」。これは、市民目線で今一度検証することが必要やと思う。

私の市長時代の大半は安倍政権と重なっていて、その間に感じていたのは、アベノミクスが市民をどんどん苦しめているということ。

アベノミクスは、大企業や金持ちにテコ入れすれば、いずれ国民も潤って国全体がハッピーになるという発想。いわゆる「トリクルダウン理論」やけど、いつまでたっても、国民のところに利益は滴り落ちてこなかった。

アベノミクスは、大胆な金融政策、機動的な財政政策、民間投資を喚起する成長戦略の「三本の矢」で経済を回復しようという政策。

金融政策では法人税を下げて、大企業や富裕層を儲けさせた。

財政政策では「国土強靭化」の名目で、公共事業をやりまくった。自治体が国へ予算の要望を出す場合、本来、国はしっかりと内容を精査する必要があるが、「もうなんでもカネを要求してええから」という感じになった。工事の必要性ではなく、建設業者を潤わせることを優先する仕組みに変わったわけ。

加えて、成長戦略では規制緩和で従来のさまざまなルールを取っ払った。つまり、これまで守られてきた弱者を切り捨て、強い者を応援する政策に転換した。

とりたてて影響が大きかったのは、消費税の二度にわたる増税。庶民は給料が上がっていなかったから、当然、生活はしんどくなった。

私は明石市長として、もちろん市民に味方した。市民の負担を軽減し、もっとお金を使えるような政策を採ってきた。まず、子育て層の負担軽減のために、「5つの無料化」をやった。医療費、保育料、給食費、おむつ代、遊び場の入場料がかからない。加えて、高齢者もバス代無料などのサービスを受けられるようになった。つまり、財布にお金が残るようにした。

さらに、明石独自の政策として、地域商品券を配り続けた。〝財布の外〟でも物を買えるようにしたわけや。

ほかにも、国から明石に支給された10億円の交付金を人口30万人で均等割りし、1人当たり3千円分の地域商品券にして市民全員に配った。

そういう施策の結果、市民は財布に余裕ができたので積極的に消費し、地元商店街が潤った。そして、どんどん人が集まって人口が増えた。とくに明石の場合、子育て支援がきっかけで、ダブルインカムの夫婦が増えた。こういう人たちのおかげで、市民税が増えた。地価は、私が市長になったときから、実勢価格で2倍になった。すると、建設ラッシュが起こって業界が潤い、ますます税収はアップ。

明石はまさに地域経済が好循環となり、増えた税収が財源となって、多くの住民サービスが可能になったんですわ。

市長は〝経営者〟。弱者のためにお金を作る

こうした明石の取り組みについて、社会活動家の湯浅誠さんが、アベノミクスの真逆の政策として「アカシノミクス」と名づけてくれた。

私は、市長とは〝経営者〟やと思っています。実際、よく「ベンチャー企業の社長のよう」と言われる。

どうやってみんなに儲けてもらって、税収を増やして財源を作るかということを、ずっと考え続けてきた。困っている人を助けるにはお金がかかり、そのお金を作る必要がある。そのために、私は〝経営者〟になったわけです。これがアカシノミクス。

アベノミクスはまったく反対。経済をよくするためには、困っている人がもっと困ってもやむなしとする。明らかに強い者を応援する政策や。

アベノミクスのもうひとつの特徴は、数字のごまかし。典型的なのは、雇用に関するデータ。アベノミクスで有効求人倍率が上昇したといわれているが、あれはトリック。ほとんどが公共事業によるもので、景気回復とは無関係。しかも、非正規化がどんどん進んでいるから、雇用が増えたとはいえ、人々の生活が豊かになったわけではない。アベノミクスでたしかに名目賃金は上がったが、物価の変動を考慮した実質賃金は下がり続けている。

'21年の「朝日新聞」のスクープで、国交省が「建設工事受注動態統計」を書き換えていたことが発覚。書き換えがおこなわれたのは、アベノミクスの時期と重なる。

ほかにも、安倍さんが待機児童を減らすと言った瞬間に、厚労省が算定方法を変えて数字が急に好転した例もある。こうして、いろんな形で、統計不正が当たり前のようにおこなわれてきた。

これは、安倍政権の権力が強すぎたことと関係していて、中央省庁の人事権を握ったために、官僚があり得ないような忖度をした結果やと思う。生活実感は悪くなっているのに、数字は好転しているように見せかけ続けたのが、アベノミクスのもうひとつの姿ではないか。

アベノミクスは岸田文雄総理にも引き継がれている。岸田さんは就任当初、「新しい資本主義」とか「分配型の経済」を掲げ、安倍さんとは違う経済政策を採るのではないかと期待されていた。でも結局、やっていることはアベノミクスと変わらん。

一部の大企業にばかりお金が集まっている状況も同じ。トヨタの会長が9億9千900万円の役員報酬をもらってもまだ余裕があるほど、大企業には内部留保が貯まり続けているのに、庶民、国民の財布の中身は減り続けている。

給料が上がらない状況で、増税、社会保険料上乗せ、物価高の三重苦を押しつけたら、そりゃあ国民は疲弊し、経済も成長せんし、少子化は加速するに決まっている。

岸田総理よ、これ以上、国民の負担を増やすなと言いたい。今は、国民の負担を減らし、給料を上げるのが何より優先すべき経済政策です。

【LGBT理解増進法】
明石市長時代、男女共通制服を導入した。私も変わり者の少数者。多様性を望む

’23年7月12日に報じられたｒｙｕｃｈｅｌｌさん死去のニュースは、私にとってもショックだった。じつは、亡くなる1カ月前にテレビでご一緒し、彼の生き方も含めて個人的に応援していた。

ｒｙｕｃｈｅｌｌさんは、自ら性的少数者であることを公言していた。軽々しいことは言えないが、あらためていろいろ思うところがある。

’23年6月16日、「ＬＧＢＴ理解増進法」が成立した。しかし、この法律には保守系のみならず、当事者や支援団体も反対。賛成の声はほとんど聞こえてこない。

それでも、性的少数者に対し、世間の関心が高まったのは事実。もちろん、本格的な議論はこれからだ。

法律の正式名称は、「性的指向及びジェンダーアイデンティティの多様性に関する国民の理

解の増進に関する法律」。「性的指向」とは、「好きになる性」のこと。異性だけでなく同性、あるいは両性が恋愛対象の場合など、人それぞれと言われている。

そして、「ジェンダーアイデンティティ」とは「性自認」。体と心の性が一致する場合だけでなく、そうでない場合もあり、LGBTの「T」であるトランスジェンダーとも関係するテーマだ。

「心の性」は、自分のなかに留まれば、問題はさほど生じない。たとえば、個人が宗教を信じるのは自由だが、周囲を気にせず大声で祈れば「うるさいやないか」と反発を生む。同様に、心の性は公衆トイレや公衆浴場などにおいて難しい問題となる。

私は明石市長時代に、LGBTについても、新たな制度を作ってきた。当然、市民の理解が不可欠で、明石市で施策を始めたのは'19年。

トップダウンで私が指示すればもっと早くやれたはずやけど、丁寧に物事を進めた。まずは全国から専任職員を公募し、2人採用した。彼らに、市職員や住民に対し、LGBT問題についての研修をしてもらった。ちなみに明石市では、「LGBTQ+/SOGIE」という表現を採用している。SOGIEとは性的指向・性自認・性表現という意味。このテーマをできるだけ広くとらえ、すべての人に関わるものとして位置づけるために採用した。

従来、同性同士のカップルで片方が病気になって倒れた場合、家族ではないというだけで、面会や病状説明を断わられることも多かった。救急ならＩＣＵ（集中治療室）に入ることができず、死に目にも会えなかった。それが近年は、自治体の「パートナーシップ制度」により可能になった。

明石市では、医師会や病院と協定を結び、'21年1月に「パートナーシップ・ファミリーシップ制度」を作った。同性カップルだけでなく、その家族（子供や親など）も対象に加えた。この仕組みは全国初、今や全国の30を超える自治体に広がっている。

同性同士がアパートを借りるのもこれまでは難しい面があったが、明石市では、市営住宅などを借りられるようにした。

個別トイレや部屋風呂が解決策に

普通に考えれば、男性がピンクの服を着ようが、髪を三つ編みにしようが自由だ。女性が丸刈りにしたかったらすればいい。

でも、自身の主張と社会との接点が生じれば話は変わる。たとえば、学校の制服。男子は詰襟、女子はセーラー服と決まっている学校で、「スカートは嫌やからズボンがいい」という女の子や、「スカートをはきたい」という男の子がいたときにどうするか。

明石市は'22年、これらをすべてＯＫにした。新しくブレザータイプの制服を作り、ズボンやスカートも、性別に関係なく誰でも選べるようにした。

やはり悩ましいのは、スポーツの世界。男性から女性に変わった選手が女子として参加したいと言ったらどうするか。生物学的には、男女で体力差があるとされている。実際、'21年の東京オリンピックの重量挙げで、トランスジェンダーの選手が女子部門に出場して物議を醸した。トランスジェンダーの選手の出場については、男性ホルモンの血中濃度などの条件があるとはいえ、批判が出るのは仕方のないことかもしれん。

ＬＧＢＴ理解増進法でとくに議論を呼んだのが、公衆トイレや公衆浴場の問題。「体は男性だけど心は女性だ」という人が、女子トイレを利用していいのか。法律の審議でも紛糾し、最後に「全ての国民が安心して生活することができることとなるよう留意する」との条文が追加された。

この一文について、当事者や支援団体などは強く反発している。一読しただけでは何が問題なのかピンときにくいが、これが加わったところに、日本の現状が表われているようにも思う。「トイレや風呂で痴漢が増えるから、ＬＧＢＴ理解増進法に反対」という声もあったけど、法律ができたからといって、痴漢が本当に増えるとはとうてい思えん。極論に走ることなく、もう少し冷静な議論をするべき。

当事者に限らず、ＬＧＢＴというテーマは家族論や人間論に繋がる。実社会では、「人はかくあるべし」とか「これが家族だ」と思って信じている人も多いから、みんななかなか寛容になりにくい。「男だから稼げ」と言われて、やりたくない仕事を無理して頑張ってきたオッサンや、「とにかく優しいお母さんになって」と言われて、進学を断念して花嫁修業をした女性が、いきなり「どっちでもいいよ」と言われたら、違う人生を歩みたかったと言いたくなるでしょうな。

性のあり方は、自分自身の生き方に直結するテーマゆえ、多方面で抵抗を招く。だからこそ、丁寧な議論が不可欠。

日本社会では、なんでも「画一的」であることが求められ、それが生きづらさの原因になっている。不合理な習慣は見直されるべき。私自身、変わり者の少数者で、いつか爪弾《つまはじ》きにされるかもしれない不安を抱えているからこそ、「多様性」を尊重する社会を切に望んでいる。

【阪神38年ぶり日本一】

野球と政治、4つの共通点。岸田総理は岡田監督から学んだらどうや

'23年シーズン38年ぶりに日本一に輝いた阪神タイガース。前回、日本一になった'85年、私は22歳の大学生やった。

当時のクリーンアップのランディ・バース、掛布雅之、岡田彰布《あきのぶ》（現監督）が、巨人の槙原寛己投手から3者連続でバックスクリーンに特大本塁打を放った'85年4月17日の試合は、脳裏に焼き付いているね。

ここで阪神に注目するのは、私がファンやからというだけではない。野球と政治には、多くの共通点がある。それは「目的」「人事」「戦略」「結果」の4点に集約される。

まず「目的」。岡田監督は'23年のキャンプの初日から「アレ」という言葉を使って、リーグ優勝を目指すと公言した。強い決意が、「アレ」という言葉として表われたんやろうね。「優勝」と5回繰り返すよりも、「アレ」の2文字のほうがずっと印象に残りますわな。

岡田監督は、'05年にも阪神の監督として優勝したが、日本シリーズでは4連敗とボロ負けした。リベンジを期した'08年には、2位の巨人に一時13ゲーム差をつけながら、最後に大逆転された。岡田監督の心中には、栄光と屈辱がある。それが、再び監督に復帰して、何がなんでも優勝してやるという気迫に繋がっていたと思う。

明石市長のときの私の目的は、「明石を優しく元気な街」にすることやった。それに基づき、改革をおこなった。

岡田監督が過去の屈辱をバネにしたように、私も子供時代の差別や貧困、理不尽な思いをした経験が原点になっている。強烈な目的意識があるからこそ、それを実現しようとさまざまな戦略が出てくる。目的意識なくしては、何も前に進まない。

その視点で国政を見てみると、ほとんどの国会議員はなんの目的意識もなく、ただ政治家を続けられればいいとか、総理大臣になれたらいいという程度。国民の生活を助けたいという強い志を持っている政治家は、ほとんど見当たらないのは残念や。

次に「人事」。その要諦とされるのが「適材適所」。さらに私は「適時」を加え、相応しいときに、その部署に必要な人材を配置した。

岡田監督の選手起用は、非常にシンプル。打順や守備をコロコロ変えたりせず、適材適所の起用。それが選手に安心感を与え、監督への信頼を生んでいると思う。

ときに、岡田監督は非情な采配をする。'23年4月12日の巨人戦で先発した村上頌樹《しょうき》投手は、7回まで巨人打線をパーフェクトに抑えていた。ところが、8回、岡田監督は村上に代打を送った。

村上の完全試合達成を期待していたファンも多かったはずや。しかし、岡田監督は村上の球威が落ちてきたことを察知し、継投を選んだ。監督としては、適切な判断やったと思う。

私も、個人の情を捨てて合理的に判断していた。市役所では、典型的な年功序列の慣行があったが、私はそれを排除し、従来は58、59歳で部長と暗黙裡に決まっていたのを、50歳でも部長になれるようにした。50歳手前で課長という決まりもなくし、30代も次々に抜擢した。

逆に言えば、年長者でも課長や部長になれない人が出てきた。適材適所の人事は、ある意味、情に反する部分があるんですわ。

監督は選手を、市長は市民を見て戦略を練る

そして「戦略」。岡田監督の戦略は、じつはものすごく合理的。確率論的に、どっちのほうが可能性が大きいかを判断の基準にしている。

一方で、臨機応変な考え方をするのも特徴。確率論を重視するといっても、かつての野村克也監督のようなデータ野球ではない。データは頭の中に入れながら、ベンチに持ち込まないと

いう方針。「球が走っているか」など選手の状態を見て、その時々で柔軟な戦略を取っている。そして冒険はしない。だから、無理に盗塁はさせない。一発を狙えばファンにとっておもしろい場面でも、手堅く行く。あくまで勝利にこだわる。勝つことこそが、本当のファンサービスやということを知っているんや。

明石市で私が取った戦略も、オーソドックスなものやった。よく明石の政策は「全国初」といわれるけど、養育費の立て替えにしても、じつは、ほかの先進国でやっている当たり前の政策を、明石流にアレンジしただけ。

ポイントは、戦略を考えるときにどこを見るか。岡田監督は当然、選手の調子を見て、戦略を練る。それが功を奏している。私は、市民を見て政策立案していた。

その点、国会議員は国民を見るべき立場なのに、業界と官僚の顔色を窺っている状況。万年Bクラスの監督のようなもんよ。

最後の「結果」。明確な目的があっても、結果が出ないと人は信用しない。'23年の岡田阪神が支持を集めたのは、長く勝てない状況が続いたなか、ついに18年ぶりのリーグ優勝、38年ぶりの日本一を達成したからや。

明石市も同じ。人口減少、財政赤字、駅前衰退の三重苦に陥っていた街が、私が市長になった1年めに財政黒字に、3年めには人口増に転じた。すると、市役所の中枢の職員が私についてくるようになり、市民の応援も増えた。やっぱり結果第一やね。

ところが国政に目を転じれば、30年間給料は上がらず経済成長もせず、おまけに増税、社会保険料上乗せと、国民の負担だけが膨らんでいる。結果がまったく出ていない。

野球の監督も政治家も、結果責任。結果を出せない岸田総理は、岡田監督から少しは学んだらどうや。

【内閣改造】

人事権こそ権力者の最大の武器。岸田首相は自らそれを捨て去った

ヤフーの投票システム「みんなの意見」で'23年9月に実施された、「あなたは第2次岸田再改造内閣にどれくらい期待しますか?」というアンケートに対し、90・7%(18万6千935票)の人が「全く期待しない」と答えている。「あまり期待しない」を含めるとほぼ100%。

このありさまで、よう政権運営を続けられるな……。

岸田総理がおこなった2回めの内閣改造について、私はX(旧Twitter)で、連日〝ちょい辛〟発信をした。

《「総理になりたくて」総理になったのであれば、もう目的は達したので、無理して続けることはないのでは…。今回の内閣改造で、外相に戻られたらいかがでしょうか?》

《一体どこに〝刷新感〟があるというのだろう? せめて総理だけでも留任じゃなかったら、〝刷新感〟は出るのだろうが…》

投稿のたびに、「いいね」が1万前後つき、スポーツ新聞の記事にもなったけど、まだまだ言い足りない。

この内閣改造は、ひと言でいえば、派閥均衡の「順送り人事」。麻生太郎副総裁、茂木敏充幹事長、松野博一官房長官、萩生田光一政調会長といった派閥の有力者は全員留任。そして、初入閣した11人のうち9人が「待機組」といわれる議員たち。この数は過去最大級。能力ではなく、順番待ちで入った人がたくさんいるわけや。

ただ、選挙対策として新しさも出さなあかんから、5人の女性閣僚を登用したけど、これは見せかけだけの「トッピング」。だって、副大臣や政務官は、54人全員が男性ですやん。いつの時代の話や。結局、何も変わらん。

トッピング議員自体にも疑問符がつく。たとえば、「こども政策担当大臣」に就任した加藤鮎子議員。「チルドレンファーストの政治の実現」を目指す勉強会の呼びかけ人の一人であり、なかなか熱心な人ではある。

しかし、たとえば子ども予算を倍増しようとすれば、反対する抵抗勢力や官僚組織を組み伏せるために〝剛腕〟が必要。その点、加藤さんではちょっともの足りない。この人事ひとつとっても、岸田総理は子ども政策に本気で取り組むつもりがないんやね。

内閣改造の真の目的は首相の保身

岸田総理はそもそも、国民のことなんて考えていない。内閣改造の真の目的は、岸田総理がその座に留まり続けることやったということ。地方自治体の場合、首長は直接選ばれるから、市民のほうを向いて政治をしなければならない。市民の評価が4年後の選挙に繋がるから。

ところが、総理大臣はいくら支持率が下がっても辞めなくてすむ。国民ではなく派閥の有力者が選ぶから、領袖の顔色ばかり窺う。その構造が、内閣改造であらためて露呈した。

岸田総理はこの人事に際し、2つの言葉を使った。「適材適所」と「刷新」やけど、あんたがようそんなことを言えるなという話よ。派閥順送りで「適材」ちゃうやろと。そして留任だらけで、刷新感なんてありまへんがな。

そもそも、なんのために内閣改造をやるのか。なぜ、総理には人事権があるのか。岸田総理自身、その問いについて何も考えていない。

私は明石市の市長を12年やり、人事がいかに重要かを実感した。権力者にとって、もっとも重要なのが人事。市長の権限は大きく分けて、方針決定権、人事権、予算編成権の3つ。

方針決定権とは政策の舵取りで、それを実行する人材を揃えるために、人事権が与えられているわけ。

'23年9月の党役員会。「世論調査で、評価しない声が上回った小渕優子氏を選対委員長に。異次元やね」(泉)

明石市長時代、もともと年に1回だった人事異動を最後のころは年間27回もやった。若手を積極的に抜擢した。従来、50歳手前で課長になるのが慣例だったが、30代の課長を一気に30人ぐらいに増やした。女性登用については、当時、男性が定年の60歳手前で部長になることがパターン化していたところ、50歳の女性を部長に任命。その後、その人は副市長として活躍した。

それでも、当初は人事権を行使するのにも苦労した。「市長には実質的に人事権はないんです」と、市の職員からはっきり言われた。「組織文化もあるし、市長ができることは限られています」と。

私はそれを無視し、言葉通り人事権を行使し、若手や女性の抜擢、民間登用、専門採用など、まさに適材適所を実行した。人事権を最大限活用したからこそ、明石を大きく変えることができた。

そして3つめの予算編制権とは、まさに予算を確保し、執行する権限。政策の方向性を示し、それを実現するための人事と予算編成をする。結果、明石市民が幸せになった。政治って政策実現と結果責任が第一。それを果たしただけのこと。反面、ネガティブ・キャンペーンも張られた。議会の抵抗を受け、市の幹部から憎まれた。

2回めの内閣改造でいちばん腹が立ったのは、じつはマスコミ報道に対して。相変わらず、古い派閥均衡政治を話題にしている。「○○派が何人」「バランスを取った」……。そうじゃなくて、「そもそも政治とは」「総理たる者は」という視点が必要なはず。

結局は、誰に取材するか。派閥の有力者とか、官邸の親玉ばかりに取材するから、彼ら目線の記事になってしまう。記者は権力者に近づいていって、ネタをもらう自分がエラいかのような錯覚に陥ってしまってるんやないか。

私のちょっと茶化したSNSの発信があれだけ反響を呼んだのも、大新聞やテレビが建前ニュースを流しているときに、「前明石市長」が国民の本音を代弁したからやと思うね。

同時期の「毎日新聞」の世論調査では、岸田総理に「早くやめてほしい」という回答が51%と過半数に達した。このニュースについて、私はXでこう発信しました。

《国民の願いは、早期の『解散総選挙』じゃなく、早期の『総理退陣』。そんなこと〝決断〟できるような総理じゃないけど…》。

この言葉は、岸田総理には届かんやろうね。

【4万円の定額減税】

「減税すれば次の総裁選までもつ」の本音がバレバレ。1年限定やなくて恒久減税にせえ！

岸田内閣の支持率低下が止まらない。'23年10月30日にテレビ朝日が発表した世論調査結果では、政権発足以来最低の26・9％に落ち込んだ。一方、「支持しない」は51・8％。

この数字の大きな要因は、やはり「4万円減税」でしょうな。この調査でも、減税について「評価しない」が半数を超えた。

選挙対策のための人気取りというのがバレバレなんやね。「増税メガネ」と悪口を言われたくないから、「減税」を言いだしたと見透かされとる。まるで駄々っ子。「舐めるな！」と、国民が怒るのは当然よ。

しかし、「減税」で支持率が下がるなんて聞いたことがない。それは、まず不純な動機に加え、「1年限定」という訳がわからん条件があるから。

1年だけ減税してもなんの効果もあらへん。減税したというアリバイ作りのためやと国民はわかっているし、その後に増税が来ることも知っている。防衛増税は1年先送りしたけど、既定路線やん。

減税だと非課税世帯は対象にならないから、7万円の「給付」を持ちだした。結局、減税したいのか給付したいのかわからん。しかも、減税は1人4万円、給付は世帯7万円というバラバラ感が半端ない。一律給付のほうが、まだスッキリする。

首相の本音は、「減税すれば'24年9月の総裁選までもつぞ」くらいでしょう。だから、減税の時期も総裁選前の'24年6月。都合がよすぎるわ。

注意しなければならないのは、減税を叫びながら、並行して国民負担を増やそうとしていること。国民年金の保険料納付期間を、現在の60歳から65歳までに延長する案や、国民健康保険の年間保険料の上限を2万円引き上げる案が、厚労省から出ている。減税と一緒に保険料の上乗せと長期化を進めるなんて、やっとることが無茶苦茶。

今回の政府案は一人4万円の定額減税やけど、中間層からしたら通帳残高が少し増えるだけであまり実感はない。非課税世帯も、1回だけ7万円もらったところで、生活は変わらん。いずれにせよ、それによって消費が増え、経済が回ることはない。

こんな愚策にもかかわらず、党内では異を唱える者が現われない。萩生田光一政調会長が、NHKの番組で「(定額減税は)1年と決まっていない」と言ったらしいが、そんなの選挙対策よ。2年にしたとしても意味ない。あまりにセコい。国民はずっと税金を払っとるんやから、恒久減税にせえよ！

翻って、野党案も情けない。立憲民主党は、緊急経済対策として3万円の「インフレ手当」を提案しているが、これもショボいしバラマキの典型で、選挙対策そのもの。

日本維新の会は社会保険料を3割減免し、低所得者は半減する案を発表したが、効果は知れていて中途半端。立憲も維新も、財源がないという思い込みにとらわれている。

ベーシック・サービスは無償化せよ

じゃあ、お前ならどうするかと言われたら、所得減税や現金給付は貯蓄に回るだけなので反対。もっと生活に近いところへ回せという考え方。

減税するなら、所得税ではなく当然、消費税。消費税率を一気に下げるのが難しければ、食料品や生理用品などの生活必需品の消費税を免除すればいい。実際、食料品の消費税がゼロの国はたくさんある。イギリスは消費税が20%、アイルランドも23%と高いが、食料品はゼロ（例外あり）。

ほかにもフィリピン、マレーシア、メキシコ、韓国、カンボジア、カナダ、オーストラリア、インドネシア、イスラエルでは、食料品に消費税はかからない。日本は消費税率が10%で、軽減税率は8%やけど、わずか2ポイントの差では「軽減」になっていない。

ベーシック・サービスという言葉がある。要は誰もが生きていくうえで欠かせないものを無償化すべきと私は考える。典型的なのが子育て費用の無償化。医療費、保育料、給食費など子育てにかかるお金は負担しなくていい。そうすると、子育て層に安心が生まれ、少子化対策になるし、加えて経済が回る。まさに、明石市がやってきたこと。

さらに、教育の無償化も段階的に進める。日本は教育予算がヨーロッパの半分だから、そこを一気に増やす。そうして、大学の学費や奨学金にテコ入れできれば、消費に回す余裕も出てくる。

財源はある。税と保険料を合算した国民負担率は約5割と諸外国並みだが、国民からすると、取られまくっているだけで何も返ってきていないというのが実感。

いったん、国民負担を打ち止めにし、与えられた財源のなかで予算配分や優先度を見直すべきときなんです。

ちょうど税収も増えた。'22年度の一般会計の税収は初めて70兆円を超え、消費税収も過去最高の23兆円台の見込み。消費税収分をゼロにしても、10年前の税収とほぼ同じ。財務省が喧伝していたプライマリー・バランス（行政サービスを提供するための経費を、税収などで賄えているかどうかを示す指標）も改善している。今やらずに、いつやんねんというタイミングよ。

普通の家庭は、30年間給料が上がらないなか、懸命にやり繰りしてきたんやから、国も国民負担を増やさず予算シフトをせえよと。何が必要で、何を後回しにするか優先順位を決めろと。

地方自治体も、苦しいなかで子育て費用の無償化を始めた。明石市が先駆けとなり、世田谷区、品川区、福岡市、北九州市など、全国に拡大していっている。

何もしていないのは国だけ。やりもせんと、「カネが足らん」とばかり言っている。

岸田首相は国会で「経済、経済、経済」と三唱したが、今回の減税では、経済を回す努力をせずに、選挙対策で現ナマをプレゼントすることにした。もはや政治やない。

でも、代わりの総理候補は、自民にも野党にも見当たらん。岸田首相に心を入れ替えてもらうしかないが、私の主張を〝聞く力〟はあるかな。

【能登半島地震】

岸田首相の「新年会ハシゴ」が被害を拡大。災害に遭っても自己責任、日本はおかしい！

被災者を何がなんでも救う——'24年1月1日の能登半島地震発生直後、岸田文雄首相はまず、そう発信すべきやった。「俺が責任を取るから、被災者を助けるためなら、前例にとらわれずやれ」と言うべきやった。

政府の対応はあまりに遅かった。そして投入する人もカネも少なすぎる。被災者に「自助」を求めるのは酷。災害時こそ「公助」の出番なのに、政治が機能していない。

ドイツの社会学者、マックス・ウェーバーは、政治家に必要な三要素として「情熱」「判断力」「責任感」を挙げた。今回、岸田首相にいちばん足りないのは情熱。つまり、被災者への愛です。

次に足りないのは判断力。判断のためには現場目線が必要。防災服を着て、官邸で「やってるふり」をしても、被災地の状況はわからん。首相自ら現場に行くかどうかは別にして、もっと情報収集をして被災者のニーズに合わせた対応をすべきやった。

人命救助は災害発生から72時間が勝負といわれるが、実際には120時間を過ぎて救出された人もおる。もっと多くの自衛隊員を派遣していれば、助かった人もいたはずや。

岸田首相には責任感もない。今回は真冬の雪国で起きた災害やから、これまでとは違う対応が必要やった。しかし、岸田首相は責任を取りたくないから官僚に言われるがままに動いた。岸田首相の政治家としての資質の欠如が、被害を大きくした。

私自身、被災者への思い入れは強い。じつは私も、'95年1月の阪神・淡路大震災では被災した当事者。当時、東京に住んでいた私は、実家に飛んで帰ってしばらく明石で暮らした。私も生活者として「自助」を経験した。

'95年は、司法修習生になった年。当初、研修地は奈良やったけど、急遽、神戸に変更してもらって自分の家から通うようにした。

研修所ではボランティア・サークルを立ち上げ、GWには30人ほどの司法修習生を引き連れて地元神戸に戻り、仮設住宅向けの生活便利マップ作りを手伝った。被災地まで足を運べない修習生には、義援金のカンパを呼びかけ、100万円くらいを募って寄付した。身をもって「共助」を実践したわけや。

「公助」にも携わった。'98年にできた被災者生活再建支援法がひどい法律で、基本は「被災者の自己責任」という発想やった。被災者への支援金額は最大100万円。しかも、タンスを買うのはかまわんけど、住宅再建には使えないという理解不能なもの。

そこで、'03年に国会議員になると、その改正法案を作った。支援金額を最大500万円にし、使い道を住宅再建にも広げるという内容。最終的に、支援金額は300万円になったが、支給は個人ではなく世帯単位になった。だから、DVから逃れて別居している人は、支援を受けられない可能性がある。被災者に寄り添うという点ではまだ不完全や。

結局、日本は災害に遭った人でも、自己責任を求められる国ということ。でも、「すぐに潰れるような家に住んどるお前が悪い」と、被災者を突き放すのはおかしい。災害のときこそ公助。公が責任を持って支援すべき。

被災者への住宅支援は300万円にとどまる一方、仮設住宅を造る業者にはなんぼでもカネが出る。しかも、通常より単価が高い。今回の地震でも、被災者が寒空の下、ひもじい思いをしとんのに、よそから来た建設業者が焼け太りすることにもなりかねん。

'11年3月に東日本大震災が起こった直後、私は明石市長になった。震災で大きな船が陸に打ち上げられる被害があった宮城県気仙沼市に対し、明石市が直接的に支援する担当となり、気仙沼市に長期間、職員を派遣したり、明石市の市バスを贈ったりした。市長として公助を実践した。

ニーズに合わない寄付はたんなる自己満足

'16年4月の熊本地震のときも、私はすぐ熊本に飛んでいって何が欲しいかと聞いた。「人手よりも経験あるスタッフが欲しい」と言われたので、震災にもっとも詳しい災害担当の職員を派遣し、ボランティアのコーディネート役をやってもらった。

優先すべきは被災地のニーズ。必要ないものを勝手に送るのは迷惑で、ただの自己満足。阪神・淡路大震災でも問題になったように、着古した服や賞味期限切れの食品なんていらない。とにかく、被災地の声を聞くことが必要。

これは地震の被害ではないが、'17年10月に明石市の大蔵市場で30軒余りが全焼する大火災があった。私は明石市長として、すぐに近くの小学校の校舎を開放することを決め、保健室や児童クラブの部屋を提供した。

体育館に避難させて、「段ボールにくるまっとけ」では終わらない。大事なのは、被災者に居心地のいい場所を提供すること。それで保健室など暖かい部屋を開放し、50人くらいに避難してもらった。

避難者には、その場で2万~3万円の現金を渡した。普通なら現金を渡す手続きに1週間ほどかかるが、すぐに渡せと指示した。みんな着の身着のままで避難しているから、お金なんて持っていない。

それに、みんなもう呆然として何をしたらいいかわからん状態。心のケアも必要やから、保健師の資格を持つ職員らを一対一でつけた。

避難生活でも、もちろん歯は磨く。でも、歯ブラシを持って避難してくる人なんかおらん。だから、職員に歯ブラシと歯磨き粉をコンビニに買いに行けと指示した。困っている人に手を差し伸べるのが行政の仕事というもんや。

1000年以上続く輪島朝市が開かれる輪島市の朝市通りは、火災により5万平方メートルが焼失。通りから離れた位置にあった輪島塗の老舗「五島屋」のビルも倒壊

その後は、いつまでも教室にはおれんから公営住宅などを開放して移ってもらった。これも例外措置で、即やれと指示した。これこそ公助であり、トップができること。

元日から大災害に襲われて困窮する国民が大勢いるのに、首相は呑気に新年会をハシゴ。これでは国民は安心できんでしょうな。まさに災害時こそ、政治家の真価がわかるんです。

【大幅賃上げ】

33年ぶりと騒ぐがたった5%。「ニセコは安い」と海外の観光客は驚いている

33年ぶりの大幅賃上げ。日本労働組合総連合会（連合）が'24年3月15日に発表した、春闘の第1回回答の平均賃上げ率は5・28%となった。

世間は大騒ぎやけど、この32年間、政府は何やっとったんや。しかも、やっと上がったと思ったら、たった5%。これはちょっと前までの法定利率と同じ。つまり、それくらいの賃上げは当然ということや。

海外では賃金上昇は普通で、先進国で日本だけが30年以上も賃金が上がらなかった異常な国だということ。賃上げを喜んどる場合じゃない。

だいたい、今回の賃上げの恩恵を受けるのは大企業の正社員。そもそも連合は大企業が中心の組織で、中小・零細企業の社員や非正規労働者にとってはほとんど関係のない話。だから、将来への不安で結婚を躊躇し、少子化が進む。連合が大幅賃上げと喜ぶだけでは、状況は変わ

らん。

先日、テレビのロケで、2泊3日で北海道のニセコに行ってきた。ラーメン一杯が2千500円もするといわれる実態を取材するのが目的。

そこで、海外からの観光客にたくさんインタビューした。アメリカ、イギリス、ドイツ、オーストラリア、マレーシア、シンガポール、台湾など、いろいろな国の人に聞いても、「ニセコは安い」と異口同音に答えた。ラーメン2千500円が高いという人は、一人もいなかった。アジアの人も「日本のほうが、自分の国よりも安い」と驚いていた。

ニセコに来ている外国人は、バブリーなカネ持ちばかりというわけではなく、実際は普通の家族連れが多い。そんな人々が、日本は安いと言っている。

さらに特筆すべきことに、彼らは「日本では1時間1千円で働いてるの?」と、目を丸くしていた。自国では時給が2千円、2千500円という。

一方、日本はずっと時給1千円程度が普通になっている。30年以上、ほとんど上がっていない。経済は低迷を続け、いつのまにか他国から取り残されてしまった。そのことを、ニセコに行って痛感した。

ニセコのアルバイトは時給2千円以上も珍しくない。日本では高いといわれるが、海外ではニセコが当たり前ということ。

日本がいかに「安い国」になったか。それは、経済誌「エコノミスト」が発表する「ビッグマック指数」にも表われている。日本ではビッグマックは480円だが、韓国では約600円、アメリカでは約800円、スイスでは約1千円する。さらに安いのが、日本の賃金。

たとえば、韓国では20年前の最低賃金は時給500円程度。日本の半分ほどやった。日本は30年前も今も、時給は1千円前後。韓国はその間に倍以上になって日本を抜いた。

スイスなんて約4千円。アメリカは約2千400円、ドイツやフランスも約2千円やから、日本は低すぎる。岸田首相は、'30年代までに最低賃金の全国平均を1千500円にすると言っているが、今すぐやれと。目標も2千円にすべき。

国民負担率5割。経済が萎むだけ

この30年あまり、日本で普通に給料が増えていれば、時給は現在の2倍になってもおかしくなかった。高度経済成長のころは、給料は倍々ゲームで増えていったんやから。

5%程度上がったって、この間ずっと給料が上がらんかったから、とても追いつかん。先に物価が上がり始めて実質賃金が目減りしているから、賃上げも帳消しよ。

岸田首相が賃上げに光を当てたのは悪いことではないが、トータルで可処分所得を増やすことに加え、人々に安心感を与えることが不可欠。人は安心して初めてお金を使い、経済が回る。

安心を生むのは、ほかならぬ負担軽減策。しかし、国の政策はそれと逆。「子ども・子育て政策」の必要性を謳いながら、一方で扶養控除を引き下げる方向。控除が少なくなるぶん、結局増税になる。子供のいる家庭は、これで安心できるわけがない。

また、少子化対策の支援金制度は、支援とは名ばかりで実質は負担金制度。子育て層も含む形で、保険料上乗せを画策している。大企業はまだしも、自営業者が入る国保はしんどい。子供の数だけ保険料を取られるわけで、そりゃ子供を産もうとはならない。

「ラーメンも平均時給も1000円の日本は異常。ラーメン2500円、時給2000円のニセコが世界標準よ」（泉）

税金や保険料を合算した国民負担率が5割近い日本で、これ以上税金や保険料の負担を増やす必要はない。扶養控除をなくしてはならないし、支援金制度は見送るべき。

明石市では、生活支援のために、子育てサービスや高齢者の地域コミュニティバスの無償化などをやってきた。

ほかにも、国の交付金を地域商品券に置き換えて配ったり、奨学金制度を作ったり、商店街のテナント料を補填したりした。自治体は税金や保険料を変えることはできないから、明石市独自の負担軽減策をおこない、市民がお金を使えるようにしたわけや。それで地域の経済が回り始めた。こうした施策は、そもそも国が率先してやらなあかん。

私が子供のころの国民負担率は2割だったから、10稼いだうちの8は自分の家族に使えた。そのうえ、毎年給料はどんどん上がっていったから、将来に夢がある楽しい時代やった。

今の国民負担率はほぼ5割やから、半分しか使えない。これからもっと負担が増えて給料も上がらなければ、子供をもう一人作ろうとは思わないし、お金を使わず貯金に回すから、経済を萎ませる。

最後に私の提言。経済を回復させるために国がやるべきは、最低賃金を欧米並みの時給2千円以上にすると同時に、給料の倍増を目指すこと。一方で、トリガー条項発動などの減税を断行し、支援金導入はやめる。子供にかかる医療費、保育料、給食費などは全国一律で無償化する。そして、食料品をはじめ生活必需品の消費税は、イギリスなどと同様、ゼロにする。

とにかく庶民がお金を使えるようにならなければ、経済は回らない。庶民がお金を使えるようになってこそ、日本も復活するはずや。

第2章

派閥と裏金

最大派閥・安倍派を解散に追い込んだ疑獄

【政治資金パーティー問題】

交付金、献金、裏金の「三重取り」。リクルート事件と一緒。国民は怒り心頭で一気に政権交代や！

自民党派閥が政治資金パーティー券の売り上げから作った裏金の総額は、'18～'22年で最大派閥の安倍派が6億円超、二階派が2億円超とされる。金権政治がまた露呈した。

裏金問題で思い出したのが、'93年に発足した細川護熙政権の時代。'88年、中曽根康弘元首相ら、自民党派閥領袖クラスを含む90人以上の政治家が、未公開株を賄賂として受け取るという「リクルート事件」が起こった。

そこで、8党派連立の細川政権が誕生し、「政治改革」の目玉として打ち出したのが、政党交付金の導入。その前提になったのが、企業・団体献金の廃止だった。企業がカネを出し、政治家が便宜を図る。それを防ぐために、国民一人当たり250円を負担してもらって政党交付金を始めたわけや。交付金は、いまや年間300億円を超える。

ところが、政治家個人への企業・団体献金は廃止されたものの、政党への献金は今も残っている。

加えて、裏金作りも相変わらず続く。結局、政治家は政党交付金、政治献金、裏金の「三重取り」ですわ。自民党は、30年前から何も学んどらん。

「パー券はさばくのが大変」と桜田義孝元五輪相は言ったが、安倍派の有力議員にとっては造作もないことよ。販売ノルマ以上のパーティー券をさばき、その売り上げを裏金にしていたわけやから。桜田氏が退会した二階派も、裏金を作っていた疑いがある。

カネを出す企業側も、誰がいくら出したかバレないから、献金よりもパーティー券を買うほうが都合がいい。そして、実際にパーティーに行くのは企業の総務課長など2、3人程度なのに、パーティー券を100枚買ったりしている。参加者以外のぶんが裏金に回ったりもする。

私も政治資金パーティーをやったことはあるが、目的は金集めではなく、パーティー券の売りさばきなどやったことはない。会費1万円で、食べ物代と会場代でほぼ消えて、収支はトントン。

政治資金パーティーそのものは悪いことではない。パーティーでカネを集めて選挙資金にすることは、よくある話。資金の流れが透明であれば違法やない。

今回の件は、出す側ももらう側も収支報告書に記載せず、カネがなんぼ動いたかわからんから問題なんです。

裏金とは、まさに見えないところでポケットに突っ込むようなカネ。なのに、秘書は表を走りまわってパーティー券を売り、企業は堂々とカネを渡している。

しかも、それが常態化している。そやから、安倍派の塩谷立座長はキックバックについて聞かれて、「あったことはあったと思う」という反応やったんやね。悪いことやと思っていない。

政治にカネはかからん。マイク一本あればいい

企業や団体から過剰にカネを集めると、政策が歪む。国民を無視して、カネをくれた企業や団体に便宜を図るから。とくに今回のように、巨額のカネをくれた相手には当然、大口の公共事業をまわしたり、中抜きできるように「いっちょかみ」させたりする。企業のトップには、勲章を与えることも多い。

「政治にはカネがかかる」と政治家はよく言うが、それは嘘。政治にカネなんかかからん。政治とは、突き詰めれば方針決定権、予算編成権、人事権を行使すること。どういう社会にするかという目標を設定し、カネの使い道を決め、人を動かすだけ。そのために、大きなカネは要らない。

実際、私は政治にカネをかけていない。選挙にカネがかかるというのもおかしい。結局、政

策を語れんからや。有権者の共感を得られないからカネをかけるわけ。語るべきことがあれば、マイク一本で駅前でしゃべるだけでいい。私は、これまでの選挙でカネを使わず当選してきた。私が応援した選挙でも、カネに頼らずに次々と圧勝させてきた。

国会議員時代、私の秘書の数は4人。政策秘書と、第一・第二の公設秘書の経費は公費だから一銭もかからん。もう一人地元に私設秘書を置き、その人件費と事務所経費のみ自腹で払った。

国会議員は恵まれた環境にある。議員立法をしようと思ったら、衆議院、参議院には調査室があるし、手伝ってくれる職員がいる。内閣法制局と同じように、衆議院、参議院にも法制局があり、法律の条文を書いてくれる。国会の隣の国会図書館では、海外の資料も手に入る。加えて、各政党には政策スタッフがいる。すなわち、立法活動を支援する体制が整っているということ。そやから、秘書は4人いれば十分。

ところが、多くの議員は5人も10人も秘書を抱えている。それは選挙対策のため。秘書に挨拶まわりをさせたり、口利きをさせたり、グレーゾーンの仕事ばかりさせている。そこがまさに利権の温床となるわけよ。

安倍派には裏金をはじめ、カネにまつわる問題が絶えない。安倍元首相の政治団体で、妻の昭恵さんが引き継いだ「晋和会」に5つの政治団体から総額2億円超が寄付されたこと、安倍元首相が石川県の馳浩知事に、東京五輪招致にからんで官房機密費を「いくらでも出す」と言ったことなど数え切れない。

やはり、安倍派が権力を牛耳ってきたから、そこにカネが集まった。街灯に集まる虫のように、カネを求めて議員が安倍派に群がった。

こうした私利私欲の政治を見ると絶望的な気分になるが、じつは私は大きなチャンスやと思っている。

今は、細川政権が生まれた約30年前と同じような状況。当時、未来永劫続くと思われていた自民と社会党の55年体制も一気に崩壊した。

今、国民の怒りは爆発していて、政治が一気に流動化する可能性がある。歴史が動きだしています。

【「政治とカネ」のウソ】

交付金が300億円あるから献金は廃止。選挙に秘書もビラも不要。政策はSNSで発信せよ

終わりの始まりや。安倍派の巨額裏金疑惑で岸田政権はボロボロ。内閣総辞職も語られるようになった。この際、安倍派は政府から一掃するしかない。

そして、この問題は安倍派や自民党だけに留まらない。野党も含めた私利私欲政治が根底から問われている。

まず、「政治にはカネがかかる」というウソに、政治家も有権者もマスコミも毒されている。

そのウソが、日本政治の文化になっている。

その文化を改めるしかない。本来なら、政治家が法整備して、自らルールを作ることが必要。

実際、リクルート事件後の'94年、当時の細川内閣が政治改革の名の下に政党交付金制度を作った。

その前提となったのが、企業・団体献金の廃止やけど、完全には廃止していないし、抜け穴

が多い。政治家自らが襟を正すこともない。

そして案の定、検察は派閥幹部を起訴できず腰砕けに。安倍派が支配していた20年ほど、検察は人事に介入されて忖度せざるを得んかった。これまで悔しい思いをしてきた分、一矢報いてほしいと思ったが、見事に期待を裏切られたね。

こうなると、最後は国民の力。金権政治家を選挙で落とすしかない。

私利私欲政治から大転換するために何が必要か。まず、政治献金の廃止。税金から政党交付金が315億円も出るんやから、それで十分賄えるはず。日本経済団体連合会（経団連）の十倉雅和会長は毎年、自民に24億円献金していることを「何が問題か」と開き直っていたが、違法でなくとも、見返りを求めているに決まってるんやから、まさに利権政治そのもの。即刻、廃止すべきや。

何度も言うけど、政治にカネはかからん。私のその主張に対して、野党系の国会議員までもが「地元に事務所を構えたり、人を雇ったりするとカネはかかる」と反論する。でも実際、私はカネをかけずに政治をやってきた。

政治活動をするのに、多くの事務所を構える必要なんかない。秘書も大量に雇わなくていい。それらは選挙対策にすぎない。

政治とカネの問題は、じつは身近なところに転がっている。実際、私の子供時代にも、周囲でカネがらみの話は飛び交っていた。

生まれ育った明石の漁師町では、大人たちが集まって、「議員に10万円渡した」などと話していた。そのカネで市営住宅に入れてもらったとか、就職を世話してもらったとか。「これじゃ少ないと言われて、もう一回持っていった」とも聞いた。

子供心に、「なんで貧乏な漁師が、たくさんカネをもらってる政治家にカネを持っていかなあかんねん。政治家ちゅうのは困ってる人を助ける仕事ちゃうんか」と思ったのが、私が政治家を志した原点のひとつです。

封筒に200万円、おむすびに1万円札

後に市長になったときも、何度となく〝口利き〟を頼まれた。「孫が明石市役所を受験するからよろしく」と、封筒にカネを入れて受験番号を書いて渡そうとするんですわ。「絶対、そんなもん受け取らん」と言って、きっぱりと断わったが、それでも、私だけやなく実家にもやってきたりしたから、「『息子とは連絡が取れん』と言え」と伝えたわ。そういう文化は、いまだに残っている。

昔、ある大物政治家から、「おむすびの中に、梅干しの代わりにラップに包んだ1万円札を入れて配ったりもした」という話を聞いたことがある。かつては、有権者に直接現金を渡すよ

うな選挙が珍しくなかった。今も、飲み食いさせるくらいは裏でやっていたりする。

私が'03年に国会議員に当選した直後、面識のない地元の有力者が事務所にやってきて、いきなり封筒を差し出してきたことがある。中を見たら200万円入っていた。

腹が立って「舐めとんのか！」と、怒鳴って突き返した。要するに、金を受け取らせて言いなりにさせるつもりやったんやろうな。当選したての野党のペーペー議員にもカネを持ってくるんやから、与党の議員なんか、もっともらっとるやろね。

カネを出すほうは当然、口利きの効果があるからやっている。なんの効果もなかったら、誰もカネなんか出しませんわ。

企業がパーティー券を買うのもそう。私は市長時代、カネ集めのパーティーではなく、純粋な「市政報告会」をしていたが、あるとき、100万円を現金で渡そうとしてきた人物がいた。「趣旨が違います」と言ってお断わりしたが、ひどく驚かれた。

後日、その人物から直接、「公共工事の入札価格を教えろ」と言われ、そんなこと直接聞くかとびっくりして、「教えたら捕まりますよ」と言い返したら、「きれい事ばっかり言いやがって」と逆ギレされた。もちろん聞く耳は持たずに追い返した。

政治家は油断すると、こういう場面にしょっちゅう出くわす。安倍派の議員はもう感覚が麻痺して、「みんなやっとるやないか」と、裏金を懐ろに入れてきた。みんなで渡れば怖くないんでしょうな。

'23年11月、ホリエモンこと堀江貴文さんが、「泉房穂に1千億円を出せば政権交代できる」と発言しましたが、その１００分の1も必要ない。

仮に衆院議員の全２８９選挙区に候補者を立てるとして、ナンボかかるかと。じつは選挙期間中については、公費がかなり出るので、ほとんどカネはかからない。選挙期間前の活動についても、ボランティアの協力を得れば、人件費はさほどかからない。チラシの郵送などする必要はなく、SNSでの発信で十分や。

カネがなくても全国に候補者を立てられるし、そうすれば政権交代も可能。そのシナリオは後で明かします。

【政治刷新本部のまやかし】

「安倍派10人」て、国民にケンカ売っとんか！ パーティーは全面禁止に。検察も忖度するな

'24年1月16日、岸田文雄首相の肝いりで作られた「政治刷新本部」の2回めの会合が開かれ、「安倍派解散」などと派閥の廃止を求める声が出た。

しかし、参加メンバー自体がおかしい。安倍派の裏金問題が事の発端やのに、38人中10人が安倍派所属で、そのうち9人に疑惑があるんやから、国民にケンカを売っとんか！ 正しくは「刷新されるべき本部」や。

自民党が政治改革にどこまで本気か。それは、'88年のリクルート事件のときと対比すればわかる。

大きく違うのは、当時は自民の若手議員が声を上げたこと。なんとかせなという機運が高まり、その後の細川政権に繋がった。自民を離党した議員により、新党さきがけや新生党ができ、変革の胎動が始まった時期やった。

そして、後藤田正晴元官房長官が政治改革委員会の委員長を務め、'89年5月23日にできたのが『政治改革大綱』。

「派閥の弊害除去と解消への決意」を掲げ、「総裁、副総裁、幹事長、総務会長、政務調査会長、参議院議員会長、閣僚は、在任中派閥を離脱する」と定めている。つまり、派閥の議論は35年前に終わったはずやのに、今なお問題になっている。自民の自浄能力のなさに呆れるしかない。

派閥を「政策集団」という人もいるが、たんなるまやかし。派閥の本質はカネとポスト。政治資金パーティーでカネを集め、議員に活動資金を配る。そして強引な推薦人事で、所属議員を大臣、副大臣、政務官などに押し込む。その結果、どう見ても能力のない大臣が生まれる。

適材適所に反する人事の典型が岸田首相。派閥の力で選ばれ、これほど支持率が低いのにその座に居続けられる。じつは岸田首相も、それをよく理解している。元会計責任者らの立件を受け、一部派閥の見せかけだけの解散のフリでは不十分。

今回の政治刷新本部も、岸田首相自らが本部長を務め、そして麻生派会長の麻生太郎副総裁が最高顧問、茂木派会長の茂木敏充幹事長が本部長代行と、各派閥の領袖が入った。無派閥の菅義偉前首相も参加しているが、これはガス抜きやろうね。本気で派閥について議論するなら、最低限、無派閥の石破茂さんぐらい入れるべきやった。

政治にはカネがかかるから派閥は必要というが、国会議員は十分すぎるほどカネをもらっている。

まず、年間2千万円ほどの議員報酬がある。これは諸外国と比べてもけっして少なくない。次に立法事務費という、まさに政策を進めるための費用が年間780万円支給されている。そして、旧文通費の名前だけ変えた調査研究広報滞在費が年1千200万円。すべて合わせて、年間約4千万円もらえるわけや。

政党交付金もある。各政党に合計で年間約315億円が支給され、自民だけで年間約160億円。さらに企業団体献金。これは、企業への便宜供与になりかねんからやめようというのが世界の流れ。日本は廃止を前提に政党助成制度を作ったが、企業団体献金はそのまま残ってしまった。

加えてパーティー収入があり、今回、裏金まで発覚した。裏金のおもな使い道は、飲食費や人件費、交通費など。

企業団体献金は即刻廃止すべきだし、政治資金パーティーも、報告会以外は全面禁止すべき。そこまでやらなければ、政治改革の意味がない。

政府ばかりやない。検察も何やっとんねん。政治資金規正法違反容疑で告発された安倍派幹部7人を不起訴にした。会計責任者との共謀は立証困難と判断したということや。

捜査の打ち切りは権力者への忖度

捜査のポイントは3点。すなわち不逮捕特権、立件のラインとされる4千万円ルール、そして共謀の立証。

一般国民だったら、会社があろうが学校があろうが、捜査をやめてもらえん。国会議員だけ、国会会期中は逮捕されないのはおかしい。じつは、国会議員も逮捕許諾請求により逮捕可能。実際、鈴木宗男議員、中村喜四郎議員など、戦後16人の国会議員が、国会の会期中に逮捕されている。逮捕までいかなくても捜査は継続できる。国会が始まるまでに捜査を終えるという方針は間違っとる。

4千万円ルールについては、そんなことどこにも書かれていないし、100万円でも裏金は違法。とくに派閥の幹部は当然、立件が必要やった。

最大の焦点となった共謀の立証は、客観的資料が乏しいからできないという。私も刑事弁護をやっているが、そんなドンピシャの証拠があるわけないやろ。「不記載にしろ」なんてメールで書くわけないやん。立件するには状況証拠を積み重ねればいいだけの話。

普通に考えて、会計責任者が独自の判断で虚偽記載を決めるわけないがな。当然、事務総長の指示があったと誰もが思う。時効前の歴代事務総長の4人は全員立件すべき。それでも捜査を打ち切ったのは、相手が権力者だからこそと思わざるを得ない。

十分な証拠がなかったのなら、起訴した池田佳隆議員らの裁判の過程で出てきた事実関係をもとに、派閥側に手をつけることもできた。

検察は政治家のような権力を持っているわけではない。しかし権威はあり、その根拠は国民の信頼だけ。だから、検察を動かすのは世論。

'92年に「黄色いペンキ」事件が起きた。金丸信元自民党副総裁が5億円の闇献金を受けたのに、検察は略式起訴をして罰金20万円で終わらせた。これに反発した男が、検察庁の石看板に黄色いペンキをかけた。男は器物損壊容疑で捕まったが、その後、世論の高まりにより金丸氏は別件の脱税容疑で逮捕された。

今回も最後に検察が方針を変えることを願ったのだが……。検察の正義は世の中から乖離してしまってるんやね。

【首相の派閥解散の決断】

国民を騙した「小泉劇場」を思い出す。岸田さん、本当は麻生さんと連携してないか？

「岸田派解散」

'24年1月23日、ニュースを見て最初は驚いたけど、今は冷めている。

「検討使」と揶揄された岸田文雄首相が、珍しくびっくりするような決断をしたけど、人のキャラクターがそんなに急に変わるわけがない。彼なりに秘策があったんやないか。私は、「一石四鳥」を狙ったんやと思っている。

1つめの狙いは、派閥解散で世間の批判をかわすこと。自民党の派閥の政治資金パーティーをめぐる事件で岸田派の元会計責任者が立件され、批判の矛先が安倍派だけでなく岸田派にも向き始めた。岸田首相は、自分が叩かれて、さらなる内閣支持率の低下を招くことは避けたかった。

ここで岸田派解散のカードを切れば、決断力やリーダーシップを評価され、支持率も下げ止まる可能性があると思ったんやろうね。実際、その後の世論調査で、自民支持率は落ちているのに内閣支持率は横ばい。そして、岸田首相の決断を国民の6割が評価している。保身の目論見はまんまと当たったわけや。

2つめの狙いは、論点をカネの問題から派閥の是非にすり替えること。派閥解散を打ち出せば、報道が派閥の是非論一色になるのは明らか。

しかし、派閥解散はそれほどのニュースなのか。どうせすぐに復活する。'93年の政権交代後に、自民はすべての派閥を解散したが、数年で元に戻ったんやから。

派閥の是非に焦点が当たっている間に、本丸のカネの問題が吹っ飛んでしまった。そもそも政治刷新本部では、企業団体献金については検討課題にすらなっていない。

派閥がなくなっても、企業団体献金が維持できれば、違う方法でいくらだってカネ集めはできるので、不都合はないということや。

3つめの狙いは、安倍派や二階派を解散に追い込むこと。岸田首相には、とくに安倍派への怨念があるはずや。

自民の派閥には二大潮流がある。かつて鳩山一郎が総裁を務めた日本民主党と、吉田茂が率いた自由党の2つの系譜。前者は岸信介、福田赳夫、森喜朗、小泉純一郎と総理を輩出し、清和会（安倍派）に連なるタカ派の流れ。この派閥が、長年にわたって総理をほぼ独占してきた。

二階派、森山派もこの流れを汲《く》む。

後者はハト派路線で、岸田首相の宏池会（岸田派）もここに入る。今回の派閥解散の背景には、この二大勢力による権力闘争があるとみたほうがわかりやすい。

岸田首相には、宮澤喜一元首相以来約30年間、宏池会から総理を出せなかった悔しい思いがあるはず。せっかく手にした主流派の座を、そう簡単に譲り渡したくない。

だから、最大派閥の安倍派を潰す。それも岸田首相の決断の理由やと思う。そして、岸田首相が派閥解散を宣言した後、安倍派、二階派、森山派も解散を決定。「政敵」を倒すことに成功したわけや。

岸田首相の最大の野望――麻生派との〝再合流〟

4つめの狙いは、将来的に麻生派と合流すること。これが最大の狙いやと、私は思っている。

岸田派と麻生派は、いわば〝双子〟。宮澤元首相のころまでは同じ宏池会で、後の「加藤の乱」（第二次森内閣打倒を目指して、加藤紘一氏らが起こした一連の運動）で割れるまでは一緒やった。

また、岸田派と茂木派は〝いとこ〟に近い。源流が吉田茂の自由党なのは一緒やけど、佐藤栄作、田中角栄の系譜を受け継ぐのが、今の茂木派。岸田政権は〝双子〟と〝いとこ〟に支えられている。

岸田派と麻生派はもともと〝双子〟だから、将来は合流しようと考えているとしてもおかしくない。安倍派、二階派、森山派という3つの派閥を一気に潰せたし、安倍派の解散で100人近い最大派閥が消滅した。結果、第二派閥だった麻生派が第一派閥になり、第三派閥だった茂木派が第二派閥になった。

岸田首相はしばらく死んだふりをして、次の総選挙でなんとか現状を維持して麻生派に合流する。そうすれば、安倍派をしのぐ最大規模の派閥ができ上がる。すなわち「大宏池会」の復権が、岸田首相の最終的な狙いやないか。

それにしても、岸田首相がこんな絵図を一人で描けるもんやろうか。私には麻生さんとの連携があったと思えて仕方がない。

報道では、岸田首相は派閥の解散を麻生さんに相談しなかったとされている。それに麻生さんが怒っていると。

そもそも、海千山千の政治家が本当に怒っている顔を他人に見せるもんやろか。マスコミを通じ、「怒っている」というメッセージを送ったと考えるほうが自然やないか。

岸田首相が麻生さんに報告しなかったというが、総理としていちばん支えてもらっている相手に仁義を切らないわけがない。「一石四鳥」のシナリオは、2人で作ったんちゃうか。

そこで思い出したのは、「干からびたチーズ事件」。'05年8月、当時の小泉首相は郵政民営化法案を国会で成立させると公言し、不成立の場合は「衆議院を解散する」と表明していた。

自民内では解散への反対が強く、小泉首相を思いとどまらせようとしたのがその前の首相の森喜朗さん。だが、小泉首相は「信念だ。殺されてもいい」と聞き入れなかった。

森さんは、マスコミの前で「(小泉首相は)干からびたチーズひと切れと缶ビールしか出さなかった」と不満を語ったが、その後「あのときは、小泉君に怒って出ていったことにしてくれと言われた」と明かしている。そして小泉首相は「信念の人」と評価され、「小泉劇場」により郵政選挙で自民は圧勝する。結局、2人の仕込みのお芝居にみんな騙されたわけや。

「麻生さんは、最大派閥の安倍派を潰してくれた岸田さんに感謝しているはず。私の勝手な解釈やけど」(泉)

派閥解散の決断でも、麻生さんと岸田首相の間で、事前に話し合いがあったとしても不思議ではない。後見役の麻生さんを本気で怒らせたら、岸田さんは総理の座にいられなくなるかもしれん。内々の合意がなかったはずがないと私は思うが、的外れやろうか…。

【検察不信】

検察はもみ消し、口封じも当たり前。安倍派5人衆の立件見送りも〝裏取引〟の結果？

大山鳴動して、起訴された議員は3人。自民党の政治資金パーティー事件で、最大の裏金を受け取った「安倍派5人衆」をはじめ幹部の立件は見送られ、捜査打ち切りとなった。

この結果は予想どおりやったね。検察は、こういう着地点を考えていたと思う。

今回、不思議やったのは、期間限定の捜査だったこと。当初から短期決戦、すなわち臨時国会が終わってから捜査を始め、不逮捕特権で議員を逮捕できなくなる次の通常国会までに捜査を終える必要があると報じられていた。

だが、これは嘘の情報。国会が始まっても捜査は続けられるし、逮捕許諾請求を出せば逮捕もできる。実際、過去には戦後16人の国会議員が会期中に逮捕されている。にもかかわらず、「国会が始まるまで」という情報を流し続けてきたのは、検察は初めからやる気がなかった証拠や。そんな短い期間で、満足な捜査ができるはずがない。

さらに、検察はやる気がないどころか、初めからバーター取引があったんやないかと私は疑っている。

検察は、人事に口出しされることを極端に嫌う組織。安倍政権は、黒川弘務検事長の定年延長を閣議決定し、検察には当時の恨みがある。

だから、政治家に検察の人事に関与させないかわりに、検察は大物国会議員の立件は見送る。早い段階で、そういう阿吽《あうん》の呼吸での〝手打ち〟があったんやないか。

ところが、シナリオどおりに事は進まなかった。それは、'23年末あたりから急に「安倍派の幹部も立件か」とか、「安倍元総理は裏金をやめろと言ったが、幹部が継続した」という報道が出るようになったことからわかる。その裏には、検察の上層部と捜査現場のそれぞれの思惑があったと、私はみている。

焦点である国会議員と会計責任者の共謀があったかどうかについて、現場は捜査を進めるうちに立証可能と思ったんやないか。全国から優秀な検事が大勢集まって捜査するうちに、イケるという判断になってきたんやと思う。

だいたい、「客観的資料が乏しく、共謀の立証が困難」なんて嘘。状況証拠の積み重ねで十分のはずや。

ともかく、検察の現場は立件できそうだとマスコミに漏らした。それが「安倍派幹部も立件へ」という報道になったんやないか。ジャーナリストの田﨑史郎さんや元東京地検特捜部の若狭勝さんも、テレビで「立件あり」と言っていたように、本当に立件できる状況やったんやと思う。

ところが、’24年になってすぐに「立件見送り」と報道されたのは、現場主導で捜査が進むのを恐れた検察の上層部が阻止しようと、見送りの方針をリークしたからやないか。

さらに驚いたのは、不起訴となった幹部がみんな「嫌疑なし」だったこと。普通は「嫌疑不十分」となるはず。「嫌疑なし」では、検察審査会に上がってきたときに、強制起訴に持っていくのが難しくなる。検察の上層部はそこまで読んで、「嫌疑なし」としたんやと思う。

結局、当初のストーリーどおりの結果になり、それがまさに検察の体質を表わしている。検察は究極の公務員。私も多くの検察官を知っているが、正義感よりも組織防衛と保身と出世が、彼らの関心事だったりする。正義の仮面を被っているが、その下はせこい役人かもしれん。

私が最初に検察不信になったのは、司法修習生のころ。当時の研修担当の裁判官から、「裁判官や検察官にも裏金がある」と、直接聞いたことがあるから。

たとえばカラ出張。実際は出張していないがしたことにして、そのお金を総務の金庫にプールし、懇親会の会費や職員への餞別に充てたりしているとの話だった。それを聞いて、「検察や裁判官が裏でそんなことをしているのか」と仰天したのを覚えている。

検察の裏金発覚。もみ消し疑惑も

そして'02年4月の三井環事件では、検察の裏金の存在が明らかになった。

大阪高検の三井環公安部長が、検察が裏金を作っていて、自分もその一端を担っていたことをテレビ番組で告発しようとしていたら、収録の3時間前にいきなり逮捕された。容疑は、虚偽の証書申請など些末なもの。しかも簡単に保釈せず、裁判でも実刑判決が出た。

三井氏は検察による口封じで冤罪だと主張し、実際に後の高裁の判決で、検察の裏金があったと一部認定されている。検察と裁判所が組織を挙げて、裏金疑惑のもみ消しをしたと受け取られても仕方がない。無茶苦茶な話や。

同年10月の石井紘基刺殺事件も、私にとっては忘れられない。石井さんはかつて私が秘書として仕えていた恩師。

石井さんは事件当時、民主党の衆院議員。政府の無駄遣いや不正を追及し、とくに特別会計について詳細な調査をしていた。旧統一教会やオウム真理教など、カルト宗教問題にも取り組んでいた。

そんな石井さんが、右翼の男に刺殺された。「家賃の工面を断わられたため、仕返しした」と実行犯が供述したことになっているが、それは検察の作文だといわれている。

実際、後になって、服役中の実行犯は、面会に訪れたテレビディレクターに対し、「頼まれて殺した」と証言した。カネがらみの個人的な事件として処理した検察の対応が、不思議でならない。

また、検察が政治家の捜査に甘いといわれるが、例外的に〝終わった政治家〟は叩く。金丸事件の金丸信氏も、政治家人生の晩年に狙われ、脱税事件で失脚した。陸山会事件の小沢一郎さんの場合は、官僚と対立して虎の尾を踏んだから検察が動いたという説がある。〝堕ちた犬〟を叩く。それが検察や。

最近、司法修習生時代の同期や弁護士仲間から、「泉、検察批判ばかりしていたら、特捜部に逮捕されるで」と言われたりする。

たしかに、今までの検察のやり方を見ると冗談ではすまんかもしれん。怖い国や。

【確定申告と政治資金収支報告】

政治資金規正法はザル法だし、政倫審も茶番。国民が「税金を払わん」と怒るのは当たり前や

「法令にのっとり適切に申告、納税をおこなうようお願いしたい」

裏金の所得税課税が問われるなか、'24年2月14日の衆院予算委員会で岸田文雄首相が放った言葉には開いた口が塞がらん。さらに、税金を集める立場の鈴木俊一財務相も、「納税は議員個人の判断」という趣旨の国会答弁をした。納税は国民の義務やけど、議員は日本国民ちゃうんかい！

案の定、SNSでは「#確定申告ボイコット」の投稿が広がり、税務署の窓口では「納税がばからしい」というクレームが続出。当たり前や。

問題は「不公平」。国民は重税に苦しむ一方、政治資金に税金がかからない国会議員はウハウハ。国民は確定申告の手間暇も大変。ところが、国会議員は領収書がいらない。政治資金収支報告書を訂正しても「不明」ですむ。しかも、国民はマイナンバーやインボイス制度で丸裸

にされとるのに、国会議員は使途不明の「政策活動費」など、ブラックボックスだらけ。

私も確定申告では苦労した。税理士と打ち合わせを何度もした。加えて、'23年4月末まで明石市長やったから、政治資金収支報告書も作って提出した。

私の政治資金なんてかわいいもんよ。'23年の収入は230万円、支出は410万円で180万円の赤字。過去の繰越金で埋め合わせた。寄付金はゼロ。

試しに、公開されている萩生田光一前政調会長の政治資金収支報告書（'20〜'22年年分）を見ると、収入総額、前年からの繰越額、支出総額、翌年への繰越額が横線で消してあって、そのうえに「不明」の手書きが4連発。

ある意味、感動したわ。収入も支出もナンボあったかわからん。これが報告書としてよう通るな。

確定申告と政治資金収支報告書の最大の違いは、チェックがあるかないか。確定申告では、収入があるのにないことにしているものはないか、支出はひとつずつ正確に記載されているかなどが審査される。怪しいと、税務調査が入ることもある。ここまで厳しく見られるから、領収書をつけて使途をきちんと書き、明朗会計にする必要がある。

一方、政治資金収支報告書はノーチェック。とりあえず、何か記載してあればいい。嘘を書いたってかまわんわけや。普通の人が聞いたらびっくりするやろうけど、「不明」と書いても

「あきません」と言う人も機関もない。萩生田さんは最初、金額を書いてあったところを「不明」に訂正したわけやから、よほどやましい裏金があったんやろうね。

　支出の「政治活動費の内訳」を見ると、居酒屋などでの会議費や食費が計上されている。これにも驚く。安倍派幹部のエライさんが、そんな人の目と耳が気になるところで、政治のことを打ち合わせしてんのかって話。秘書が領収書をかき集めて、辻褄《つじつま》を合わせたんちゃうか。

政倫審に出席した二階派の武田良太元総務相。「とりあえず公開でやって予算可決へ。出来レースやね」（泉）

　こんな文書にも、東京都選挙管理委員会事務局の受理の印が押してある。政治資金規正法なるものが、いかにザル法かの証拠でしょうな。国会議員の特別扱いを知った国民は、真面目に確定申告するのがアホらしくなるわ。

　国民が怒っている最大の理由は、政治家が裏金や収支報告書への不記載の問題の責任を取っていないからや。

　裏金問題で、政治家が取るべき責任は大きく3つ。刑事責任と政治責任と納税責任。

　刑事責任を問う主体は検察。不記載は即法律違反で、政治家の共謀があったか否かに関係なく、少なくとも会計責任者は全員、罪に問えた。しかし、今回はそれさえしなかった。結局、検察が腰砕けになり、政治家を含む多くの者の責任が不問になった。

次に政治責任。政治倫理審査会（政倫審）に誰が出るのか議論が紛糾し、公開・非公開でマスコミは大騒ぎした。でも、そもそも政倫審なんかで、事件の全容が解明されるはずがない。これから議論されることになる「連座制」も、秘書だけでなく政治家の責任をどこまで問えるのか疑問。政治資金規正法に、「会計責任者には政治家本人をあてる」と一行書けば終わりやけど、そうはならんやろうね。

結局、政治改革のポーズだけ。初めから出来レースで、古い政治の延長やね。

政治資金規正法には第三者機関の規定がない

政倫審はやらんほうがまし。証人喚問なら出席義務があり、公開で、虚偽の陳述は偽証罪に問える。政倫審は出席は自由、公開・非公開もどっちでもいい。おまけに、偽証罪がないから嘘をつき放題。だから、堂々と嘘をつかれて、説明責任を果たしたという免罪符にされるだけ。

ただ、証人喚問も「記憶にございません」と言われたら終わりで、意味がない。本当に必要なのは、第三者の調査委員会を設置し、徹底調査をして国会に報告してもらうこと。そして、対策も第三者委員会に考えてもらい、それを踏まえて国会で法改正をすること。

政治不信を招かないためには、第三者の目が欠かせない。確定申告でも、税務署という第三者機関が入るから意味がある。ところが、政治資金規正法には第三者機関を置くと書かれていない。民間企業だって、不祥事が起きたら第三者委員会を設置する。政治家への優遇、ここに極まれりやね。

最後に納税責任。政治家が刑事責任、政治責任を果たせんのなら、せめて税務署は徴税しろと、国民は怒っている。しかし残念ながら、税務署は検察以上の忖度組織。国税庁は財務省の一組織やからね。検察ですら政治家に忖度しているのに、国税庁が政治家に斬り込めるのかという話。

ほかの国なら、政権はとっくに崩壊している。'24年2月の内閣支持率は14〜20％台で、自民の支持率も最低を更新。

一方、野党の支持率も低迷したまま。「支持政党なし」が半数を超える調査もあり、与野党ともに、永田町政治を総取っ換えしてほしいというのが、国民の本音やろうね。今は、いわば「夜明け前」。明けない夜はないと信じているが……。

第3章

財界支配と御用マスコミ

社会を歪める業界団体

【ジャニー喜多川氏の性加害問題】

忖度するテレビはもはや報道機関やない！〝建前マスコミ〟に騙されるな

旧ジャニーズ事務所の「性加害問題」では、'24年2月29日時点で、被害申告者964名のうち249名に補償金が支払われた。事務所に所属しなかった「非ジャニーズ」の被害者については、資料や証言などをもとに個別に対応がなされる模様。つまり、問題解決にはほど遠い状況や。

そもそも、この問題は「週刊文春」が'99年に報じて裁判にもなったのに、英BBCが'23年3月に取り上げるまでは、日本の大手マスコミは腫れ物に触るような感じで、黙殺を続けてきた。今回のジャニーズ問題は、今のマスコミが抱える悪弊の典型やと思うから、見過ごすわけにはいかんでしょう。

じつは、私はマスコミと縁が深い。大学を出て、最初に入ったのがNHKで、その後テレビ朝日でも仕事をした。20代のころは、マスコミセミナーの専任講師をしていて、当時の教え子の多くが新聞、テレビ、出版業界に入っている。だからこそ、マスコミへの期待は大きいし、そのぶん、失望も大きい。

マスコミにいちばん言いたいのは、どっち向いて仕事しとんねん、ということ。マスコミとは広告、テレビ、新聞、出版の4部門で、最近はネットも加わる。

まず、広告業界。電通や博報堂や。広告業界は、言ってしまえばカネで動く。だから、そのカネを持っている権力者のほうを向く。

たとえば、オリンピックや万博という巨大イベントに参画して、イメージ戦略で国民の賛同を集めながら、巨額のカネを稼いでいる。

カネ儲けは悪いことだと思わんが、東京オリンピックでは談合事件で逮捕者まで出た。それも、カネばかり見ている業界の体質の表われやと思う。

続いてテレビ。テレビはＮＨＫと民放に分かれ、それぞれ違う方向を見ている。ＮＨＫは、本来は受信料を支払っている国民のほうに目を向けなあかんはず。私がＮＨＫに入った当時は、新人研修でそう教えられた。研修では受信料の徴収もやらされ、視聴者の家を一軒一軒回って、大相撲や大河ドラマの話をしながら、「こういう視聴者に支えられているんや」と実感したもの。

スポンサーと総務省に気を遣うテレビ

ところが、今のNHKは視聴者よりも、放送法を司《つかさど》る政府のほうばかり見ている。それを見透かした国民のなかからは「なんやねん、もう受信料は払わん」という視聴者も出てくる。

民放が顔を向けているのは、明らかにスポンサー。力関係でいえば、もはや完全に「スポンサー様様」となっている。背景には経営難があると思う。

もっと景気がよくて広告収入が多かったころは、テレビ局のほうが力があり、スポンサーを選ぶような状態だったが、今やスポンサーが番組内容まで支配している。そして、ついに報道番組までがスポンサーの意向を気にするようになった。

テレビ局では大きく分けて報道分野と、ドラマやバラエティの制作分野があり、経営が厳しくなると報道が弱くなる。すると視聴率稼ぎのために、報道でもジャニーズのタレントを使ったりする。結果、ジャニーズへの批判がタブー化する。

さらに、最近は電波を握っている総務省にも気を遣うようになった。今の民放は、スポンサーと政府のダブルの影響を受けている。

本来、タブーに斬り込むのが報道なんやから、自らがタブーを作るのは言語道断。忖度報道なんて言葉は自己矛盾で、そんなことをするテレビは報道機関やない。

一方、同じ放送業界でも、ラジオは比較的まし。ラジオは制作費が安いし、スポンサーの影響を受けにくい。そのぶん、自由度が高いと感じる。歯に衣着せぬ発言をする私は、テレビ局からは出演依頼がないのに、同じ系列のラジオ局からはけっこう声がかかる。

続いて新聞。新聞は購読料で支えられているから、当然、お金を払ってくれる読者のほうを向いていなければならない。かつての新聞はプライドが高くて、「社会の木鐸《ぼくたく》」と胸を張っているイメージがあった。じつは、私は大学時代、就職するならＮＨＫか新聞社かで迷ったほど。

ところが、この10年で坂道を転げ落ちるように購読者数が減ってしまい、広告に依存せざるを得なくなった。「朝日」なんて、不動産業で食っているのが実態。収益構造が変わってきて、もはやメディア本来の姿ではない。

もっとも危機的な状況にあるのが新聞業界といえる。最近は、購読料を値上げするという悪循環にも陥っていて、このままではもっと読者を減らすやろう。すると広告への依存度がさらに高まり、読者よりもスポンサーを見ざるを得なくなる。悲しいことやけど、「貧すれば鈍する」ということやろうか。

今の日本のマスコミは、「建前マスコミ」と「本音マスコミ」に大きく分かれると実感している。

ネット媒体は「本音マスコミ」代表

明石市長時代、全国紙やテレビのキー局とは〝バトル〟もしてきたけど、そもそも私に対して懐疑的で、なかなか取り上げてくれなかった。反面、地方紙や地方局は好意的に私の発言や政策を報じてくれた。きれいに割れている。これは、きれいごとばかり扱う「建前マスコミ」と、国民の真の興味に応える「本音マスコミ」の違いやと思う。

「本音マスコミ」の代表がインターネット。ネットは、閲覧に付随する広告収入を得ている。そのためには閲覧数を稼がなあかんから、より多くの国民に読まれることを目指す。とにかく記事を読んでもらうために、読者の心に突き刺さるような見出しや文章を書かなあかん。結果的に読者、国民のほうを向いた仕事をしている。記事の分量に制限がないから、かなりまとまった内容で発信できる強みもある。

だから、私のようなキャラクターは、やたらネット媒体から取材依頼が多い。

じつは、私がいちばん期待しているのは雑誌などの出版。出版には、〝ジャーナリスト魂〟が残っていると思う。

その大きな理由は、読者に買ってもらわなあかんから。「FLASH」にしても、政府が買《こ》うてくれるわけやないし、スポンサーを気にするほど広告収入が大きいわけでもない。だから、お金を出して買ってくれる読者を見る。

とくに、私にオファーしてくるのは、「FLASH」をはじめ、女性の水着写真が載っているような週刊誌が多い。もちろん、ありがたいこと。

ただ、週刊誌はネット記事も含めて読者にアピールしようとするあまり、内容から離れた見出しになる傾向がある。私が言ってないことを見出しにされると困るから、それはやめてくれと担当者に物申したことはある。でも、一人でも多くの読者の目に留まらな始まらんから、なかなか難しいところやね。ともあれ、今後も「本音マスコミ」として、「FLASH」には大いに期待しています。

【忖度政治の功罪】

政治主導はいいが私物化はアカン！ 安倍政権のせいで、政治も司法もマスコミも忖度ばかり

司法修習生同期の〝旧友〟橋下徹君と、'23年7月15日に再び対談する機会があり、そのイベントは開始前から、ある意味、おおいに盛り上がった。橋下君が松井一郎前大阪市長とともに作ろうとしたコンサルタント会社「松井橋下アソシエイツ」に関し、私が「事実上の口利き」「情けない気持ちになった」とツイートしたことで、彼が激怒し、打ち合わせなしのぶっつけ本番になったんや。

橋下君は対談の冒頭から、今回の趣旨とは関係ない辻元清美さん（参議院議員）の名前を出して一方的にまくし立て、私は正直あっけに取られた。私が言い負かされたように読めるネット記事もあったけど、あまりに筋違いで〝子供のケンカ〟には乗っても仕方ないから、反論しなかっただけのこと。

翌日、私はＴｗｉｔｔｅｒ（現Ｘ）で「情けない気持ち」は撤回したが、じつは橋下君が怒

ったのはそこやない。「事実上の口利き」という指摘が、まさに図星やったんですわ。そこは議論したくないから、論点をずらしたわけ。結局、本人は会社設立を中止した。

考えてみてください。元大阪市長と元大阪府知事の2人が、ベンチャーや中小企業と行政機関の橋渡しをするというふれ込みやから、そんなもん役所側は忖度するに決まってるやん。市や府には、2人の息がかかった職員がたくさんいるんやから。「この業者を頼む」とか言わんかったところで、職員が気にしないわけがない。だから「事実上の口利き」なんです。

忖度といえば、森友・加計学園の「モリカケ問題」。その真相は不明やけど、「忖度政治」は安倍政権の代名詞で、それは今も残っている。

キーワードは人事権。国会議員に関していえば、選挙での公認権を総理総裁が握るようになった。議員は党の公認がほしいために、おかしいことはおかしいと、はっきり物を言う者がいなくなってしまった。加えて、大臣の人事権も総理にあるから、大臣ポストを狙うベテラン議員による忖度が当たり前になってしまったわけや。

最高裁の判決は中立なわけない

影響は、司法にも及んでいる。安倍政権下では、元東京高検検事長の賭け麻雀疑惑が一度不起訴になった。さらに検察だけでなく、裁判所も忖度しまくっている。

私は官僚や検察、裁判所に友人や後輩がたくさんいて、彼らと酒を飲むと「最高裁の判決が自民党を怒らせる判決になるわけがない」と、平気で話している。裁判官の人事や人件費などを決めるのは実質的に自民やから、気を遣って当然というのが彼らの本音。

最高裁の裁判官も、総理が任命する。かつてと違って、安倍さん以降は総理の意思が強く反映されるようになった。安倍さんが'16年に最高裁判事に任命したのは、加計学園の監事（業務や財産の監査役）をしていた安倍さんに近い人物だった。

アメリカでは、共和党政権なら共和党寄りの、民主党政権なら民主党寄りの裁判官が選ばれるといわれるが、日本でも安倍さんの意向で裁判官が選ばれていたわけやから、ことモリカケに関しては、最高裁が中立なわけがない。

じつは私は、忖度政治そのものは必ずしもマイナスばかりだとは思っていない。忖度政治は、言い換えると政治主導にも繋がる。政治家が責任を持って政策の方向転換を図ったり、新たな方針を打ち出すことは間違ったことじゃない。問題はその方向性。

明石市の場合、私が市長だった12年間で、市役所の体質は市民目線の仕事ぶりに大きく変わった。私が市長になる前は、市民が市役所の窓口を訪れても、職員は横を向いてぺちゃくちゃしゃべっていたけど、今はエスカレーターで上がった瞬間に、職員が飛んでくるようになった。これは私の指示ではなく、職員が市長のスタンスに忖度した結果。

他方、安倍政権では、政治の「私物化」の方向に働いた。総理が人事権を持ち、言うことを聞かないと出世させないため、官僚はせっせと忖度を繰り返してきた。

それが、モリカケ問題や「解釈改憲」を生んだ。

モリカケ問題は、実際に安倍夫妻がどの程度関わったかについては、すでに安倍さんは亡くなってしまったこともあり、真実はわからない。ただ少なくとも、財務省が公文書を書き換えて安倍夫妻を守ろうとしたことは客観的事実。忖度があったことは明々白々で、その結果、人一人の命が失われたわけやから、これは闇に葬っていい話ではない。

文書改ざんを命じられたことを苦に命を絶った赤木俊夫さんの奥さんが、私が市長のときに明石市役所に訪ねてこられ、お話を聞いたことがある。また、モリカケ報道でスクープを連発した元NHK記者の相澤冬樹さんは、私の大学時代のクラスメートであり、NHKに同期入局した親しい間柄。そのこともあり、モリカケ事件を思い入れをもって見ていた。

ところが、NHKは相澤さんを、記事を書けない部署に追いやり、辞めざるを得ないようにした。安倍さんを怒らせるとまずいから、モリカケ報道を自主規制したということではないか。これはメディアの自殺行為。マスコミにおける安倍政権の負の遺産や。

解釈改憲については、内閣法制局という「法の番人」の役割が崩壊した。集団的自衛権の行使容認は、従来の法解釈では成り立たなかったのに、総理が自分に忠実な人物を内閣法制局長官に大抜擢したことで、憲法の解釈を一瞬で変えてしまった。

こうした忖度政治を含めて、橋下君は「安倍政権イエス」の立場やけど、私はノー。彼と私は目指すところが違うんやと、今回の対談で再認識させられた。

ただ、彼の突破力や影響力は絶大。それを国民のために生かしてほしい。その思いは変わりません。今後も議論したいので、私からシャッターを下ろす気はない。彼が応じるなら、今度は「FLASH」誌上で〝再戦〟しよかな。

【さらば田原総一朗さん】

「少子化は女性や若者の問題」と言われて唖然。「去り際の美学」を！

えっ、田原さんってこんな人やったん⁉　それが、'23年7月28日深夜『朝まで生テレビ！』（テレビ朝日系）に出演した率直な感想。

じつは私は、かつて『朝生』のスタッフやった。番組は'87年にスタート。その翌年に、私は最初に就職したＮＨＫから、テレビ朝日の『朝生』の番組担当に移ったんですわ。

三十数年前は、経済は右肩上がりで給料もどんどん上がった時代。当時は『朝生』のテーマも防衛、外交など国家レベルのものが多かった。「原発」や「天皇制」といった、タブーとされたテーマにも挑戦した。

でも今は、経済が停滞し、給料も上がらず、みんな疲弊している。国民の関心は「子育て」や「介護」など身近な問題に移っている。

メディアはそうしたニーズにシフトできていないんやないか。司会の田原さんも、パネリストとして番組に参加した学者やコメンテーターの方々も、時代の変化に追いついていないんやないか。

かつて『朝生』は、スタッフの私にとっても、ワクワクドキドキする番組だった。当時20代の私には、田原さんは光り輝く存在。鋭い分析力と時代を切り開く覚悟があり、その使命感に燃えておられたと思う。

おそらく今も、ご本人の思いは変わっていないのかもしれないが、今回、田原さんの変貌ぶりには愕然とした。

田原さんは最先端のテーマに関心をお持ちだったはずなのに、喫緊の課題である「少子化」について、驚くような発言をなさった。とくに「少子化は女性や若者の問題」と、何度も言われたことに唖然。

番組中でも反論したけど、少子化は女性だけでなく、育児分担などを含めて男性にも関わる。そして若者だけの問題でもない。

しかし、田原さんにはそのあたりの認識がまったくないように見えたから、思わず名指しで反論した。

「少子化は、田原さんを含む経団連のお年を召された頭の固い方々の発想の転換（の問題）やと思う」と。

右翼と左翼が初めて生放送で激突

もっと残念だったのは、田原さんのジャーナリストとしてのスタンスがまったく変わってしまったこと。かつての田原さんはけっして権力に迎合するような方ではなかった。

ところが、今回は「総理と会った」とか「経団連の役員から声をかけられた」とか、そんなことばかりおっしゃる。「えっ、こんな人やったの?」と耳を疑った。

「『FLASH』で"去り際の美学を"と直言したら、田原さんから連絡があり、『おもしろい』と言って、私との共著のタイトルにも使われた。懐ろが深い人やね」(泉)

ご本人はいまだに、「自分は批判精神を持ち続けている」と思っているのかもしれんが、その姿勢は感じ取れなかった。それが残念やなと。

『朝生』のスタッフ時代に印象に残ったテーマはふたつ。ひとつは「原発の是非を問う」。当時、タブーだった原発問題を日本のマスコミで初めて取り上げ、原発推進派と反対派に分かれて対決した。

あのとき、私は「フロアディレクター」として番組の進行役で、「10秒前、9、8、7……」と放送開始のカウントダウンをしながら、「いよいよ原発を生でやるのか」と、興奮して震えていた。

もうひとつ、忘れられないテーマは「天皇制」。ソウルオリンピックがあった'88年に、「オリンピックと日本人」というタイトルで討論した。じつはこのとき、生放送で初めて左翼と右翼が一堂に会して「天皇制」の是非を問うた。

あのときは、右翼がスタジオに抗議に来るんじゃないかと、スタッフも戦々恐々としていた。それを防ぐ意味でも、番組には右翼の大物に出演してもらった。

当初から、「天皇制」を議論する予定だったが、局の上層部のＯＫが出なかった。そこで「オリンピックと日本人」というタイトルにしたわけやけど、天皇制の議論が始まると、出演していた経済学者の栗本慎一郎さんが「聞いていない」と怒って帰ってしまった。そういう緊張感のなかで番組は放送されていた。

当時の『朝生』は熱気があったし、番組での議論によって国の政策が変わるぐらいの力を持っていた。一方で、当時は「深夜だから誰も見ていない。かめへんから、やってまえ」みたいな空気もあった。おもしろい時代だった。

今回、番組には、財務省出身の学者が出演していて、彼らの発言にもズレを感じた。少子化を語るには、国民一人ひとりの生活実感でものを考える必要がある。でも、元官僚の先生方は「そもそも日本経済は……」と、マクロ的な難しいことばかり言う。

『朝生』に続いて、'23年8月6日には『そこまで言って委員会NP』（読売テレビ）にも初めて出演した。'03年にスタートしたこの番組も、『朝生』と同じ討論番組で、当初は、まだ政治家になる前の橋下徹君が〝本音トーク〟で相手をバッサバッサと斬っていく姿が印象的やった。しかし、今回出演して感じたのは〝橋下君も大人になったな〟ということ。

子育て支援の所得制限をめぐり、橋下君は賛成派で、私は撤廃派。年収８００万、９００万円でも、生活がしんどい層はいる。所得制限はなくさなあかん。

大阪府の吉村洋文知事は、明石市の例を見て一気に所得制限撤廃に舵を切った。でも、橋下君は相変わらず所得制限をすべきだと発言していた。時代状況や国民の意識の変化についてこられていないように感じた。

番組には元横浜市長の中田宏さんも出演していたが、日本維新の会や自民党を渡り歩いていることもあってか、立ち位置がよくわからんかった。

かつて勢いがあった政治家２人が、いつの間にかタレントのコメンテーターのようになってしまった。出演者は総じて小物化し、発言が無難になった。権力にすり寄る人が多くなった気がする。

田原さんは元気のあるころのテレビの象徴やったが、さすがに89歳。今でも敬意は持っているが、「去り際の美学」という言葉もある。

【大阪・関西万博】

縮小か延期に！建設業界もマスコミも潤うが、巨額のツケが国民に

無理してやらんでいい。これが、'25年大阪・関西万博への私の正直な気持ち。'23年7月に実施された「読売新聞」の世論調査では、65%が万博には「関心がない」と答え、まったく盛り上がっていない。海外パビリオンの建設も遅れに遅れ、各国が自前で建てる「タイプA」の基本計画書を提出したのは、韓国とチェコのわずか2カ国（'23年8月15日時点）。「撤退も選択肢」と自民党の船田元氏は言うたが、もはや中止は現実的ではない。私が考えるのは、縮小か延期。

参加国が目標の150カ国から100カ国を切ったって、別にええやん。規模を縮小すればいいし、数より質でアピールすればいい。

とりあえず、開会に間に合うパビリオンだけで始めて、間に合わないところは開会後も工事を続ければいい。それまでは、建設過程を見せたらおもしろいんちゃいますか。

あとは、開会スケジュールそのものの延期か。すべてのパビリオン建設を間に合わせたいなら、1、2年延期するのもあり。規定で延期はできないという反論があるだろうが、それは嘘。'20年の東京オリンピック・パラリンピックだって、コロナ禍を理由に1年延期したやないか。

いずれにしても、ここでなんらかの決断をしないと、コストは膨らむし、労働現場も過酷になる。今こそ、政治家が手腕を発揮するときや。

'70年の大阪万博のテーマは、「人類の進歩と調和」。7歳だった私は万博に行った記憶があり、当時の日本は、このテーマがピッタリくるような状況だった。

'64年の東京オリンピックを契機に東海道新幹線が開通し、'70年の大阪万博の後に山陽新幹線が通って、明石からも東京へ直通で行けるようになった。各家庭に洗濯機が普及し、テレビがカラーになったのもこのころ。街中で車がたくさん走り始めた。右肩上がりの高度経済成長で、未来が明るかった。

万博のテーマソングは、三波春夫さんが歌った『世界の国からこんにちは』。敗戦から25年しかたっていない当時の日本が、再び国際社会の中に「こんにちは」と入っていくことを示す意味でも、万博開催の意義はあった。

でも、それから50年以上たち、状況はまったく変わった。もう、新幹線やインフラを整備する時代じゃないし、誰でも海外へ行けるようになった。わざわざ高いカネを払って行列を作ってパビリオンに並ばんでも、世界の情報はインターネットでわかる。バーチャル空間だって作れるんやから。50年以上前のハコモノ行政は、もうやらんでよろしい。

そんなことより、国民の生活は疲弊している。30年間、給料が上がらないのに、税金や社会保険料、物価は上がる一方。こんな時代に、巨大イベントにカネを使うことに国民は納得しない。

このままでは万博は失敗するんじゃないかと懸念されているが、じつは万博に「失敗」はない。観客が入ろうが入るまいが、国民負担が増えようが、参加国が少なかろうが関係ない。万博をやることによってカネが動けば、それに関わる人にとっては「成功」なんです。パビリオン工事で建設業界は潤うし、万博関連のイベントや広告が増えれば、電通や博報堂、テレビ局や新聞社は御の字。

万博が失敗しないもうひとつの理由は、マスコミと組んでいるから。マスコミが万博を盛り上げるイベントを催し、特番を組む。『24時間テレビ』のマラソンのゴールのように、マスコミが感動を演出してくれる。だから、どう転んでも万博は成功する。

もちろん、それは国民にとっての成功とは別の話。だって、国民負担率は5割近いのに増税といわれ、さらに万博でカネを使うんかい！　結局、自分たちの負担になるだろうと、国民はみんなわかって冷めた目で見ているんです。

経済効果の試算はたんなる数字のトリック

そもそも、'18年に開催が決まったときには、当時の松井一郎大阪府知事は「税負担なし」と言っていたが、嘘やった。会場建設費は、当初は1千250億円と見積もっていた。その後1千850億円に修正し、ここにきて再度上振れする可能性が取り沙汰されている。費用が膨張すれば、そのツケは国民に回ってくる。

万博の経済効果は2兆9千億円という試算があるが、そんなもんトリックよ。数字なんかいくらでも作り出せる。そりゃあパビリオンの工事をすれば、ある程度のカネが回るに決まっとる。でも、生きたカネか死んだカネかが問題。国民からすると、自分たちのカネを使われているだけで、それが、何かを生み出しているわけやない。

そして今回、明らかになったのは、万博を推進してきた日本維新の会の政治が、自民党と同じ古い政治そのままやということ。いみじくも、馬場伸幸代表が自ら「第二自民党」とおっしゃったように、根っこは昔ながらの自民がやってきたハード面の開発優先で、イベントでカネを回すという発想は変わっていない。

万博の会場の夢洲《ゆめしま》にしても、無駄な開発の挙げ句使いみちがなかった土地。万博後、その跡地にカジノを含む統合型リゾート（ＩＲ）も造られるわけや。結局、国民にツケを回すやろうし、カジノに関しては、国民負担どころか家庭崩壊を招く。

横浜市は選挙でカジノ誘致に「ノー」を突きつけたが、大阪府民は「カジノ、ノー」でも「維新、イエス」やから、維新が選挙で勝ったことで、万博もカジノ誘致も強行されてしまった。でも、大阪府民の大部分は、万博もカジノもノーなんです。

ところが、大阪の芸人が、「万博楽しみです」と言うと、みんなが楽しみにしているように見えてしまう。関西のテレビ局や新聞、芸人が維新と組んで、万博が盛り上がっているような雰囲気を演出していて、マスコミの責任も大きいね。万博は影の面も深刻なんやから、マスコミはもっと国民のためになることを報じんかい！

【「消費税増税から逃げるな」放言】

報酬1億円の経団連会長に苦しい庶民生活はわからない。旧統一教会と同じく解散命令を！

経団連の十倉雅和会長は'23年9月19日、こう言い放った。

「若い世代が将来不安なく、安心して子供を持つには全世代型の社会保障改革しかない。それには、消費税などの増税から逃げてはいけない」

これについて、私がX（旧Twitter）に《『経団連国民虐待防止法』が必要なのではないか》と投稿すると、スポーツ紙に取り上げられ反響を呼んだ。

経団連が消費税増税を政府に強く進言したわけで、ほんまによう言うわ。高額な役員報酬を得ながら、社員の給料は上げず、法人税を安くしてもらいながら、国民にさらなる負担を押しつけようとする。これは経団連による国民への虐待にほかならず、それを防止する法整備が必要や！

どうして消費税増税なのか。法人税もあれば、企業側の保険料率を上げる手もあるのに。これ以上、消費税が増えれば、国民はもたんよ。十倉さんは1億円以上の報酬をもらっているから、消費税率を上げても痛くもかゆくもないんでしょうな。

経団連は、消費税増税を主張する一方、自分たちは負担を回避しようとしている。たとえば、雇用保険や介護保険といった保険料率のアップなど、企業の負担が増えることには絶対反対。消費税率が5%から8%、さらに10%に引き上げられるなか、法人税率は25・5%から23・2%に引き下げられた。

経団連ばかりやない。経済同友会の代表幹事で、サントリーの新浪剛史社長は、児童手当の所得制限撤廃という政府の方針に「大反対」と強硬姿勢。今の所得制限は、年収1千万円が基準になっているが、年収1千万円でも、首都圏やったら子供を2人、3人育てるのはどれだけ大変なことかをわかっていないんやね。年収1億円を超える新浪さんには言われたくないわ。

夫婦2人で一生懸命働いて、収入が増えたら所得制限がかかって児童手当がゼロというのは、国民に「頑張るな」と言っているのと同じよ。

児童手当などの子ども政施策は、親ではなく子供を見て決めるべきというのが私の考え。国も所得制限撤廃に舵を切ったのに、それを邪魔するように大声で反対を叫ぶ。

なぜ、経済団体は言いたい放題なのか。それは、自民党への献金があるから。

'23年10月10日、経団連は政治献金の判断基準となる主要政党の政策評価を発表。自民を中心とする与党を10年連続で「高く評価できる」として、会員企業に自民への献金を呼びかけた。ところが、岸田政権の当時の支持率は発足以来最低。国民は、今の政治に絶望しているのに、諸手を挙げて支持しているのは経団連だけです。

経団連の意向を受けて、自民は国民に重税を課す。まさに、現代の「越後屋（経団連）」と「お代官様（政府）」ですわ。しかも、普通は〝袖の下〟の見えないところで渡すのに、堂々と献金すると宣言している。

新浪さんが代表になって〝経団連化〟した同友会

'22年度の経団連傘下の大企業の内部留保の総額は、過去最高の511兆円に達した。前年度から27兆円も増えた。その一部が政治献金や、ときには裏金という形で、有力政治家に流れている。

さすがにほかの国やったら暴動が起こってもおかしくないし、日本でも江戸時代なら一揆が起こる事態よ。庶民が疲弊しているのに、お代官様に近い越後屋だけがウハウハで、「そちも悪よの～」と言っている構図。しかも、献金という形で胸を張ってやっている。開き直りもええとこ。旧統一教会のように、経団連にも「解散命令」を出すべき。

ただし、私は大企業vs.国民の戦いを望んでいるわけではない。両者を支援すべきという立場。しかし、今は大企業偏重になっている。目下やるべきは、庶民がお金を使えるようにすること。庶民が支出すれば経済は回る。

明石市では実際、さまざまな政策によって経済を回すことができた。明石市は給料を上げることもできないし、税金や保険料、物価を下げる力もない。それでも、できたことはあるんです。

何をしたか。子供の医療費、保育料、給食費、おむつ代、遊び場などの無料化を進め、高齢者についてもコミュニティバスの運賃を無料にするなど、いろいろな負担軽減をして、市民の手元にお金が残るようにした。

もうひとつは、国の交付金を、ほかの町のように業界対策に使うのではなく、地域商品券として配った。国から10億円の交付金が来れば、市民30万人に一人当たり3千円分を配って市内で使えるようにした。

すると商店が潤い、人口が増えた。家がどんどん建って、建設業界も潤った結果、税収が増えて街全体の経済が好循環になった。

こうした施策を国でもやればいい。国なら雇用対策もできるし、給料を上げる政策も可能。食料品などにはさらなる軽減税率を適用する。保険料も引き下げられるし、物価高対策だってできる。国がやれることはたくさんある。

経団連、経済同友会、日本商工会議所は経済3団体といわれる。経団連は、日本を代表する大企業のトップの集まりで、その提言には重みがあるが、組織中心やから頭が固いし古いんやね。

その点、同友会は経営者個人の集まりだから柔軟。'22年8月には、同友会主催で、私や小倉將信こども政策担当大臣が参加した子供の貧困支援のフォーラムまでやっている。しかし、'23年4月に新浪さんが代表幹事になってから、〝経団連化〟が強まった。

経営者は、事業者であるとともに生活者でもあって、両者の立場から考えなあかんのに、今は経営に偏りすぎ。財界のお偉いさんたちは、スーパーで買い物をしたことがないから生活のリアリティがわからないし、物価高も実感していないんでしょうな。十倉さんや新浪さんには私からナンボか小遣いを渡しますから、それで生活してみたらどうでっか。

【日本を牛耳る財務省】

岸田総理よ、言うこと聞かん大臣はクビに。財務省の軍門に降らなかった初の総理になれ！

「財務省のポチ」ともいわれる岸田文雄総理やけど、実際、腹の中では何を考えているんやろか。じつは、たび重なる財務省の「横槍」に内心、怒ってるんやないやろか。

経済対策として「税収増の還元」を強調したら、鈴木俊一財務大臣らに「国債償還などに使ってしまい、原資はもうない」と、あっさり否定されてしまった。

トリガー条項の発動にしてもそう。これは、ガソリンの全国平均価格が3カ月連続で160円を超えた場合、ガソリン税に上乗せされている旧暫定税率分を減税する仕組み。この発動について鈴木大臣は、1兆5千億円の税収減になるという理由で難色を示した。一方、価格高騰の抑制策として石油元売り会社に6兆2千億円も補助金を出していて、そのギャップからSNSでは批判が殺到した。

結局、国民に負担を強いる財務省の〝使命〟どおりの方向で進んでいるわけや。

日本では、誰も財務省には逆らえない。財務省を筆頭とする官僚が、権力のいちばん上にいる。財務省の〝大本営発表〟を鵜呑《うの》みにして、「増税やむなし」と伝えるマスコミや学者は官僚と結託。その下に、財務省にひれ伏す一部の政治家がいて、最下層に国民がいる。

この構図をひっくり返さなあかん。当然、国民が頂点。国民に選ばれ、官僚に指示する政治家がその下。いちばん下が官僚。マスコミや学者は、国民の傍にいるべき。国民の声を聞いて、国民目線で発信すべきよ。

日本が官僚制を導入したのは、明治維新のころ。近代化のためには、物事を合理的かつ正確に進める優秀な官僚の力が必要とされた。戦後の混乱を経て、高度経済成長を支えたのも官僚制やった。

しかし、'90年代のバブル崩壊後の経済停滞に官僚たちは対処できず、限界を露呈した。にもかかわらず、政治主導への転換がなされなかったがゆえ、日本は30年間、経済成長できず賃金は上がらなかった。そして、税金や社会保険料の負担ばかりが増えていった。

私の子供時代の'60年代から'70年代は、日本の国民負担率は2割くらいだったが、いまや5割近い。

かつては、国民負担が増える以上に国民の給料が増えたから、負担感は大きくなかった。ところが、ここへきて給料は上がらないまま、負担ばかり増え、国民の使えるお金がどんどん減っている。

昔も今も、財務官僚は国民から税を搾り取るのが使命。国民の負担が拡大する一方なのは、彼らが予算の見直しをしないから。この予算は本当に今つけなければいけないものなのか、来年でもいいのか、きちんと考えない。「エリートである我々が、これまでやってきたことだから間違いない」というスタンス。

だから、国民がこんなに苦しんでいるということを、財務省を中心とした官僚は認識していないんやろね。彼らは、自分たちが昔からやっていることは正しいと思い込んどる。国民のことを気にせず、漫然と前例を踏襲しながら、新しい取り組みのための財源を、国民から取ってくることだけを考える。

じつは、国民にとって真の敵は財務省やないか。そう考えると、岸田総理は気の毒かもしれんね。岸田総理が「減税」と言ったら、すぐに鈴木大臣が「財源がない」と言ってくる。本来、総理がトップなんやから、大臣も財務省も総理の指示に従わなあかん。しかし、マスコミはどっちを叩くかといえば、総理を叩く。本当は大臣を叩くべき。

岸田総理も人事権があるんやから、鈴木大臣も財務省の事務次官もクビにできる。それなのにやらないのは、財務省に歯向かい、財務省とつるんでいる麻生太郎さん（自民党副総裁）らの政治家を敵に回すと、総理の座から引きずり下ろされるからや。

安倍元総理を超える千載一遇のチャンス

官僚の世界でも、財務省はピラミッドの頂点にいる。なぜかというと、財務省が国家の財布を握っているから。そして、財務省にはいろいろな情報が入ってくる。だから、財務省を怒らせるといきなり税務調査に入られるし、いろいろな不祥事を暴かれる。'23年10月から11月にかけての副大臣・政務官ら3人の〝辞任ドミノ〟も、まあ財務省周辺からのリークなんやろうね。

そうした構造に、国民は気づき始めた。それは、瞬時に情報が拡散するＳＮＳの影響が大きい。

大マスコミもＳＮＳを無視できなくなり、2、3年前は「財源がない以上、消費税のさらなる増税もやむなし」と書いていたのが、徐々にトーンが変わってきた。かつての御用メディア的な論調から、権力に疑問を投げかけるようになった。

最近、本当は岸田総理は「財務省のポチ」ではないんやないかと思うようになった。もしかしたら、自分なりに総理の役目を果たそうとしているんやないかと。

異次元の少子化対策や所得税減税、トリガー条項の発動検討など、じつは日本をなんとかしたいと、本気で思っているのかもしれん。しかし、ぜんぶ財務省に潰されて、腹の中では怒ってるんちゃうか。「ええかげんにせえよ、財務省」と。

だったら、岸田総理はやりたいようにやればいい。岸田総理には、失うものはないはず。念願の総理になれたし、在任期間は2年を超えた。後は「財務省の軍門に降《くだ》らなかった初の総理」として歴史に名を残したらいかがか？

ちなみに、安倍晋三元総理は人事権を駆使し、内閣法制局長官の首をすげ替えたし、検察の人事にも介入した。しかし、財務省にだけは何もできなかった。2度も消費税率を上げ、結果、アベノミクスも中途半端に終わった。だから、今こそ岸田総理にとって、安倍元総理を超えるチャンスなんです。

財務省に反旗を翻した瞬間、政局になるが、それで退陣となっても、歴史に名は残せる。岸田総理、国民のために財務省と本気で戦え！

【言いたいことが言えない】
政府の忖度機関・テレビでの〝本音〟は2割。でも、「救民内閣」実現まで干されるわけにはいかん

辛口、本音……。私の発言について世間はそう言うけど、本当は言いたいことの半分も言えてない。

かつては「暴言市長」と叩かれたが、このときでさえ本音の1割も言えていなかった。批判にじっと耐えていたことがほとんど。明石市長とは、市民に対して責任を負う立場。いちいち反論していたら市政が混乱するし、市民生活にも影響が及ぶ。保身や名誉よりも、市民を優先した。

その後、SNSデビューして、だいぶものを言えるようになった。市長を終えてからは、積極的にメディアに出ている。それでも結局、歯に衣着せまくっている。その程度はメディアによりけりだが、総じて思いの半分以下しか言葉にできていない。テレビだと2割、ラジオは3割、雑誌やネット記事は4割、YouTubeや動画配信サービスなら5割。新聞はストレー

トニュースで1割、インタビューで4割という感じ。

テレビによく出るようになったのは、'23年10月の埼玉・所沢市長選の応援の後。それまではABEMAや、ローカル局に出ていたが、最近は地上波の全国放送も増えてきた。今こそ、「救民内閣構想」をアピールするチャンスや。

市長時代に比べたら、テレビでも本音に近いことを少しは言えるようになった。それでも、せいぜい2割くらいしか話せていない。番組にはスポンサーがついているし、放送権を与える政府の管理下にある。だから、テレビは中立ではなく、時の権力との関係ではいわば忖度機関であって、なんでも自由に発言できるわけではない。

それを実感したのが、ある情報番組での出来事。「泉さん、まさか選挙に出ませんよね」。毎回、出演のたびにスタッフからこう聞かれる。「選挙の応援にも行きませんよね」とも。選挙の応援をしただけでもテレビに出られんらしい。

そこで、「自民党の現職を応援するのはええんか?」と聞き返すと、スタッフは黙り込んでしまった。もしかすると、泉が応援した候補が、自民の候補を倒すのが嫌なんかな。これは、スタッフではなく局の中枢の指示かもしれへん。現場スタッフには、私のファンもそれなりにいて、しばしば歓迎してくれる。でも、上層部は私みたいな権力批判をする人の扱いにかなり困っているらしい。

おそらく、「泉は何かしでかすんちゃうか」と思われているんやろうね。実際、そういう声も聞こえる。私も、そのへんは理解しているつもりや。生放送で「マスコミ批判」もしたことがあるけど、自分なりに配慮してギリギリセーフの球を投げたつもり。とはいえ毎回、「これで最後の出演かな」とも思っている。

先日、ある名物ジャーナリストとバトルになった。私は、自民の裏金問題で第三者委員会を作るべきと主張した。すると、先方は曖昧な返事やったから、私はそれに突っ込んだ。相当、歯に衣着せたつもりやったけど、気分を害したらしい。これだけ私が忖度しても「本音トーク」と言われるんやから、テレビのコメンテーターは忖度文化に染まりきっているんやね。

そのジャーナリストとは、これまで何度も同席したが、最近になって別々に出演している。なぜ突然、共演がなくなったのかについてはよくわからない。

『おはよう朝日です』（朝日放送テレビ）出演時。「本当のことを言うのが必ずしも正しいわけではない、とは自覚しているつもり」（泉）

右・左関係なく出演し、救民内閣構想を広める

私のテレビ出演に対しては、「あいつは権力の味方をしている」という批判もある。辛口トークが売りなのに、制約の多い地上波放送に出られるわけない、何か裏があるはず、という陰謀論よ。

先述したように、今は救民内閣構想を世間に広める時期。だから、テレビだけでなく、また右・左問わず幅広くメディアに出ている。保守系の雑誌や、右寄りといわれる評論家のラジオ番組からのお呼びにも応じている。

ネット系のコアなファンも大事やけど、お茶の間にもメッセージを伝える必要がある。その意味で、地上波の全国放送は影響力が非常に大きい。視聴率の高いテレビの人気番組に出るたびに、新しい層から目に見える反響がある。しかも、政治的発言だけやなく、泉房穂なる人間をトータルに知っていただけることは、ある意味ありがたいことだと思っている。

ところで、日本は「報道の自由度ランキング」で180カ国中、68位（'23年）。主要7カ国では最下位で、独裁国家といわれるような国よりも低かったりする。みんな気づいていないかもしれないが、それが日本の現実。

先日、田原総一朗さんとお会いした。田原さんは、誰もが使えるSNSではなく、放送許認

可権のもとにあるテレビで戦うことに意味があるとおっしゃっていた。自由がない前提で、自由を確保するのがジャーナリズムだと。

かつて私が関わっていた『朝生』は、タブーを破る形で「原発の是非を問う」とか「天皇制」などのテーマを取り上げた。そんな『朝生』全盛のころと比べると、テレビ業界は萎縮している。討論してもどこか遠慮がちで、問題の核心までには至らない。

今、私は多くのメディアから声がかかるようになったが、偏りがあるのも事実。テレビだと、東京のテレビ朝日とTOKYO MX、関西の読売テレビと関西テレビからの出演依頼が多いが、NHKなんてなんの音沙汰もない。

新聞社も、私の救民内閣構想に好意的なのは「東京新聞」と「毎日新聞」。「朝日新聞」は取り上げてはくれるが、私への批判と必ずセットにする。取材には来るが掲載しない新聞社もあれば、取材にすら来ない新聞社もある。

そう批判する私も、じつは何かと気を遣って発言している。歯切れが悪いように思うかもしれん。でも、政権交代を実現するまでは、メディアで発信を続けたいから、今、干されるのは困る。出演を続けながら、言いたいことを言っていくって、けっこう難しいことやね。でも、いつかすべてさらけ出すつもりよ。

第4章

私が政治家になった理由

少数者に冷たい社会への復讐

【盟友・橋下徹】

「そろそろ自分で政治をやらんかい！」とけしかけた。「関西共和国構想」では意気投合

’23年5月13日、ABEMAで配信されている『NewsBAR橋下』に出演した。元大阪府知事の橋下徹君が司会を務める対談番組。さすがにケンカとまではいかんかったが、お酒を酌み交わしながら、お互い本音でボンボン意見をぶつけ合った。「世の中がひっくり返るやろな」と思うような刺激的な話も出た。

じつは、橋下君とは旧知の仲。司法修習生の同期として2年間、同じ釜の飯を食った。修習生で作ったラグビーサークルでも一緒に汗を流し、毎晩のように酒を飲んで語り合った。年長の私はリーダー格で、何かと前に出ることが多かったと思うけど、彼も当時からキャラが相当立っていたね。

弁護士になってからはたまに同窓会で飲むくらいで、ずいぶんご無沙汰していたが、最近、また連絡を取り合うようになった。’19年、私が例の暴言で市長を辞職することになったとき、

橋下君がTwitter（現X）に、「泉さん、ここは辞めるべきだ。辞めればまた未来がある」と書いてくれたことも、よく覚えています。

私は以前から、彼の政治的感覚はすごいなと思っていて、「辞めるべき」という彼の意見は大変参考になった。

そして、去年の'22年10月12日に、私がまた暴言騒動を起こして「次の市長選は出ません」と言うたとき、直後に橋下君から電話をもらったんですわ。「前回はアウトだけど、今回は議会に対する暴言だから辞める必要はない」と言ってくれて。私は「こうなった以上は辞めるんや」と答えましたが、2回の市長辞職に橋下君が関わっていたわけや。

橋下君と私は、今の政治をなんとかせんとあかんという思いは共通していると思う。そのためには、トップダウンで断行するしかないという思いも同じ。実際、私も「政治は結果だ」という姿勢でやってきて、明石市長としての12年間で一定の目標は達成できたと自負している。

橋下君も毀誉褒貶《きよほうへん》はあるが、府知事、市長を通して8年弱の間に大阪を大きく変えたのは間違いない。古い政治を一掃した点は、すごいと評価していますわ。

ただし、政治的なスタンスは違う。私はどちらかといえばセーフティネット派。「誰一人取り残さない」政治を目指してきたが、橋下君は自己責任や自助努力など、ある意味、競争を優先するタイプ。でも、今の社会を変えなあかんとか、子供や教育に投資が必要といった思いは一緒だと思う。

もうひとつ、我々に共通するのは、あえて「嫌われる」ことをやった点。私も橋下君も、多くの敵に囲まれ、嫌われてきたが、全員に好かれようとするのは政治家じゃない。それは仕事をしていない証拠。政治家が決断して改革を実行すれば、必ず既得権益にすがる層からは嫌われる。嫌われる覚悟で断行し、結果が出なかったら潔く辞める。それが政治家。

今回、番組では「自由に法律を作れるとしたら?」という質問があったが、私は2つ提案した。「大統領制の導入」と「関西共和国の独立」。これには、橋下君も「賛成!」とおおいに共感してくれた。

なぜ、大統領制が必要か。ポイントは、政治家がどっちを向いて仕事をするかということ。市長や知事は、直接選挙で選ばれるという意味で大統領制と同じ。当然、有権者のほうを見て仕事をする。でも、今の日本は議院内閣制で、総理大臣が国民から選ばれない。だから総理は国民を見ず、与党の有力者の顔色ばかりを窺っている。総理が直接選挙で選ばれるようになれば、日本の政治は大きく変わるはず。

次に、「関西共和国の独立」。橋下君はかつて「大阪都構想」をブチ上げたが、「関西共和国」は、都構想に通じる。要は、東京の中央政府から独立して、関西独自で政策決定ができるようにしようというもの。いわば、アメリカ合衆国のイメージ。アメリカでは、州ごとに憲法があって州が独立している。それを参考にして、日本でも「関西共和国」という〝独立国〟を作ったらええんちゃうか。それで意気投合した。

番組で、私は彼をけしかけた。「いつまで評論家やっとんねん。そろそろ自分で政治をやらんかい」と。橋下君は、'15年に政治の世界を離れてからかなりたつ。しかし、彼はまだ世の中を変える力を持っていると、私は思う。日本の国会議員はリーダーシップがない連中ばかりやけど、今のように変革が求められる時代には、やっぱり橋下君のようなキャラクターは必要や。

なのに、彼は「まだ子供の教育費がかかるから」などと言って逃げる。それでも、政治への情熱を失っていないのはよくわかる。今は時機を見計らっているんやないか。

私が担ぐ候補と橋下君とでケンカがしたい

橋下君が国政に打って出る可能性はあると思うし、新党結成などの動きがこれから出てくるかもしれん。彼が国政に参加するとしたら、それは日本維新の会じゃない。今の維新を、彼は評価してないんとちゃうかな。橋下君がいた時代と、今の維新は違うと思う。橋下君がいた当時の維新は勢いがあった。政権を獲るかもしれないと感じさせるだけの期待感があった。'23年4月の統一地方選で、維新は「一人勝ち」といわれているようやけど、残念ながら、所詮、野党第2党ですわ。大阪以外でも議席を増やしたが、10人通る選挙区だったら、そりゃ一人くらい維新が通るわなという感じ。

つまり、〝受け皿〟として伸びているに過ぎない。「自民党はダメ、立憲もイマイチ」という、今の政治に飽き足らない人々が、消去法で維新に投票しているだけ。そこそこ伸びても、これから一気に拡大するような雰囲気はない。その点、橋下君はいまだに大化けする可能性を秘めている。吉村洋文大阪府知事になくて橋下君にあるのは、その強烈なキャラクターや。

私自身、市長を辞めても政治と関係を断つつもりはない。今の日本の政治がいいとは思っていないから、変えたいという気持ちは強い。最近、「泉さん、将来は政治家に復帰するんか」と聞かれることも多いけど、まだ引退したばかりやから。それでも、ちゃんと国民が総理を選べるようにしたいとは思っています。

番組の最後で、「関西共和国の大統領はあんたや」「いやあんたや」と譲り合いになった。いつか私が担ぐ大統領候補と橋下大統領候補で、堂々とケンカできたら楽しいやろね。その意味で、橋下君もケンカ相手です。

【安倍元総理一周忌】

〝恩師〟石井紘基さんとの共通点は、政治家としての使命感。スタンスは違えど、「やりたいこと」があった

安倍晋三元総理（享年67）が銃弾に斃れてからもうすぐ2年。私の中には、なお深い喪失感がある。

私が衆議院議員に当選した'03年、安倍さんは自民党幹事長やった。エレベーターで一緒になったりしたときに挨拶はしたことがあり、当時50歳手前だった安倍さんは、間近で見ると独特の存在感というか、オーラがあったね。

その後、私は'11年に明石市長になって12年間務め、一方の第二次安倍政権も'12年から8年間続いたので、安倍さんと同じ時代を共有した感覚がある。歴代総理に比べて安倍さんは、地方分権と子ども政策にも力を入れた印象が強い。

安倍政権時代に地方自治法の改正があった。私はもともと、市長選の公約に「中核市への移

行」を掲げていたが、そのころの法律では「人口30万人以上」が中核市の条件で、当時30万人足らずの明石市は中核市になれなかった。それが地方自治法の改正で、中核市に移行することができた。トップの安倍さんの判断のおかげや。

子ども政策で特筆すべきは、'19年10月から始まった「幼・保（幼児教育・保育）の無償化」。これも、安倍さんが子供を重要なテーマと位置づけて、政策転換を図ったことで実現したと思っている。

私と安倍さんの政治的スタンスはだいぶ異なるが、それでも安倍さんは、歴史を作り、そして自ら歴史になった方。安倍さんには政治家として「やりたいこと」があったんやと思う。最近の政治家は、岸田総理にしても、やりたいことがあるのかないのかようわからん。その中で安倍さんは異色。

安倍さんという政治家を語るには、ご自身の生い立ちも欠かせない。歴史的な人物である岸信介元総理を祖父に持ち、だからこそ自ら政治家になったら、〝おじいちゃん〟が果たせなかった夢をかなえようとしたのかもしれん。

憲法改正を追求し続け、外交・防衛問題にも強い思い入れがあった。それらの分野では、私と考えが一致しないところも多いが、安倍さんはきわめてクリアに使命感を持っておられた。

秘書として支えた「恩師」の暗殺

安倍さんの最期は突然だったが、私の「恩師」も急に世を去った。民主党の衆議院議員だった石井紘基さん。石井さんは'02年10月25日、自宅前で刺殺された。

石井さんと知り合ったのは'89年、当時20代の私は、石井さんの著書を読んで感動して手紙を書いた。

すると、ご本人から「会いたい」という返事が来てお目にかかり、初出馬だった石井さんを秘書として応援することになった。

仕事を辞めて石井さんのご自宅の近くに引っ越し、毎朝5時半に起きて、彼がマイクを握り、私がビラを配るという日々。1年ぐらい、雨の日も風の日も街頭に立ち続ける毎日だったが、結局、当選させることはできなかった。

その後も、私は応援を続けるつもりやったけど、石井さんからは「君はまず弁護士になれ」と言われた。「地元に帰って弁護士として人助けをして、みんなに請われるようになってから政治家になりなさい。40歳ぐらいでも遅くない」と。

そこで、私は弁護士資格を取り、明石で活動していた39歳のときに、石井さんの刺殺事件が起こった。その翌年、私は石井さんの言葉通り、40歳で衆議院議員となり、石井さんの仕事も引き継いだ。

石井さんは、「国会の爆弾発言男」と呼ばれ、不正を許さず、どんな強い相手にも向かっていくタイプやった。暗殺の実行犯として右翼団体代表を名乗る男が逮捕されたが、事件の真相は今も闇の中。

謎に迫る手がかりとして、石井さんが持っていた鞄が持ち去られたことがわかっている。石井さんは数日後に国会質問を控えていて、鞄にはその〝爆弾発言〟のための資料が入っていた。犯人は石井さんの命よりも、その資料が欲しかったに違いない。

結局、事件の真相は解明されないまま'22年10月25日、丸20年を迎えた。当日は、石井さんの娘さんと一緒に議員会館で、石井さんの没後20年を偲ぶ集会を開いた。石井さんの遺志を継いで政治家になった私にとって、事件は今も現在進行形や。

石井さんは殺害される前に、友人にこんな手紙を送っていた。

《これ（追及）により、不都合な人はたくさんいますので、身辺には注意しますが、所詮、身を挺して闘わなければ務まらないのが、歴史的仕事ということでしょうから、覚悟はしていますが、それにしても、こんな国のために身を挺する必要なんてあるのかな、との自問葛藤もなきにしもあらずです》

石井さんは、覚悟を持って不正を追及してはったし、同時に身の危険を感じていたはず。

私は市長に就任した直後から「思い切った方針転換」という名の予算シフトを進め、その影響で自宅ポストに「殺すぞ」「天誅下る」などと書かれた脅迫文が投函されるようになった。死んだ昆虫が入ったペットボトルを投げ込まれたこともある。

脅迫は気色悪いが、どこか達観しているところもあった。「やるべきことをやる以上、一定のリスクと隣り合わせなんやな」と。

安倍さんと石井さんには共通点があると思う。それは、政治家としての使命感と、やり遂げるという強い思い。そういうエネルギーに溢れるところが2人の共通点。

「不惜身命《ふしゃくしんみょう》」。石井さんが好んだ言葉。要は、身を投げ打ってでも世のために尽くす。安倍さんなら「国家のため」、石井さんなら「国民のため」ということだろうか。私も石井さんの弟子として、この言葉を肝に銘じていきたい。

【私の国会議員時代】

議員が世間知らずなことに驚いた。議員立法では「田中角栄以来」と言われた

あんたはなんのために国会議員になったんや？

私が、センセイ方一人ひとりにしたい質問だ。

前明石市長と紹介されることが多い私だが、じつは'03年から'05年まで衆院議員だった。議員になったきっかけは、私の恩師である故・石井紘基さん（元衆院議員）との出会い。

'89年、25、26歳だった私は、大学を出て入ったマスコミの仕事に限界を感じ、一人悶々《もんもん》としていた。そんなとき、東京・高田馬場の書店で1冊の本に出会った。当時、国会議員を目指していた石井さんの決意表明の本やった。「社会は変えることができる」。石井さんの確たる思いが全編を貫いていた。

心から感動した私は、石井さんに手紙を書き、その縁で石井さんの秘書第一号になったが、'90年2月3日公示の節分選挙では結局、次点で落選。

私は当選させられなかったことを詫び、「もう一回、一緒に頑張りましょう」と励ましたが、石井さんは「君は司法試験を受けて弁護士になりなさい」と、思いもかけないことを言う。

弁護士なんて考えたこともなかったから、戸惑った。それに、私には明石市長になるという夢があった。

なぜ弁護士を目指すのか、石井さんは理由を2つ挙げた。「政治家になるなら、まず世の中を知れ」「弁護士資格があれば、落選しても家族が路頭に迷わない」。

石井さんは'93年の総選挙で、日本新党から出てトップ当選を果たす。私は、その翌年の'94年に4回めの司法試験でやっと合格。すでに、石井さんは国会で大活躍していた。

しかし、'02年10月25日、石井さんは東京・世田谷区の自宅前で刺殺される。私は石井さんの自宅に駆けつけ、通夜や葬儀を手伝った。その際、私はまわりから「石井紘基の遺志を継げ」と説得され、翌'03年の総選挙に出馬。すると、運よく議席を得た。

「議員立法」が生きていた時代

石井さんは犯罪被害者の救済に熱心だったから、私は'04年に犯罪被害者の権利や利益を守る「犯罪被害者等基本法」を議員立法で通した。そのときは、私が野党の責任者で、与党の責任者が、'23年9月の内閣改造で外務大臣になられた上川陽子さん。まだ1年めのペーペーの私と、当時2回生議員の上川さんの2人で詰めの与野党調整をし、最終案を作った。

じつは、菅義偉前首相とも議員立法で手を組んだことがある。貸金業法の改正のときだ。当時、菅さんは3回生議員だったが、懐ろの深い人物という印象を受けた。「この人、出世するだろうな」と。

当時の国会は、今とは違って、与野党伯仲の状況で緊張感があった。議員立法とは、官僚主導の「内閣提出法案」と違って議員が起案するもので、それが生きていた。しかも、与野党が超党派で議員立法をやろうという機運が当時はあった。

私は、議員立法をたくさんやった。手前味噌だが、「これだけ議員立法を通すのは田中角栄以来」と、よく言われたものですわ。弁護士として働いていたので、ある意味、〝即戦力〟やった。弱者救済を専門にしていたから、誰よりも詳しい犯罪被害者や障害者、介護保険などのテーマで法案を作った。

議員になって驚いたのは、議員や官僚が世の中を知らなすぎること。庶民の生活の苦しさも、犯罪に遭った被害者の悲しみも、障害者や高齢者の生活ぶりやその家族の苦労も知らない。塾通いして小学校をお受験して、私立の中高一貫の男子校を卒業して東大法学部に入り、官僚になって政治家になる。庶民のことなんかほとんど興味がない。そんな政治家や官僚が取ってつけたような法律を作っている。「政治家になるなら、まず世の中を知れ」。石井さんの言葉の意味が胸に染みたね。

そして、働かない議員があまりに多い。もっとも、自分で言うのも変やけど、私は働きすぎたかもしれん。土日も含め、ずっと議員会館で法案を作っていた。夜8時くらいまで議員会館にいて、いったん晩飯を食べに議員宿舎に帰り、子供と一緒に過ごした後、すぐ戻る。だいたい深夜の12時過ぎから1時までは、議員会館で議員立法の仕事をしていた。

「世間知らずの政治家が法律を作る。政治家になる前に、社会を知れ。石井さん（写真右）の言葉通りよ」（泉）

私の観察では、遅くまで議員会館の部屋の明かりがついているのは、医者や弁護士出身の議員が多かった。彼らは選挙に落ちても医者や弁護士として食べていけるし、選挙でもないときに田舎に帰ってビールを注いで回って支持を集めるよりも、国会で成果を上げて次の選挙を戦いたいという気持ちのほうが強い。だから、実績を求めて頑張るわけや。

逆に、選挙に落ちないから、二世、三世議員の中にも、夜遅くまで仕事をする人が一定数いる。彼らは地元回りよりも議員としての仕事を優先する。

一方、多くの部屋は夜に明かりが消えていた。支援団体の会合に出たり、週末は必死に地元回りをしているから。国会議員は「金帰火来」というように、金曜に地元に帰って火曜日に東京に戻ってくるのが慣例。それで、政治活動に身が入るはずがない。落選を恐れて政治活動を疎かにするのは本末転倒。ここでも、手に職があれば落選しても怖くないという石井さんの言葉が正しかったことを実感する。

私は議員を経験し、あらためて法律というものは世の中に合わせて作り替えていいんだと学んだ。

それは、私が明石市長として、全国初の条例を多く作ったことにも繋がっている。国の法律が間違っていると思ったときは、市民のために法律を超える条例も作った。

マスコミを経て、弁護士となり、国会議員に当選し、そして明石市長として結果を出した。紆余曲折はあったが、ここに至るきっかけを作ってくれた石井紘基さんには、感謝の気持ちしかありません。

【私の弁護士時代】

親のいない子の後見や無報酬でサラ金と闘う。「人助け」と「世直し」が弁護士の使命

「冷たい社会を優しい社会にしてみせる」。10歳のころ、家は貧しく、障害のある弟が差別され、それが悔しくて空を見上げて誓った。

これが、私が政治家を志した第一の原点としたら、第二の原点は、政治の恩師である故・石井紘基さん（元民主党衆議院議員）に、強くすすめられて弁護士になったこと。

もともと法律なんか嘘ばっかりと思っていて興味もなかったけど、今は石井さんにほんまに感謝している。

今読んでも、弁護士法の第一条は美しい。「弁護士は、基本的人権を擁護し、社会正義を実現することを使命とする」。基本的人権の擁護とは「人助け」。社会正義の実現とは「世直し」。つまり「世のため人のため」。クサいけど、それは私の志でもある。

弁護士になって最初に手がけたのが、ある空き巣事件の刑事弁護。犯人は14件の空き巣に関

わったことを白状したが、警察が立件しようとしたのはわずか2件だけ。警察は「全部、立件するのは大変」という姿勢。私は、「あんたらの仕事はなんや！」と怒鳴ってやった。どうして被害者が大勢いるのに放置するんか。

私は14件の被害者の自宅をすべて順々にお詫びしてまわり、一人残らず示談を取りつけた。14件のうちの2件だけちょこちょこやっても、被害者のためにも、犯人自身のためにもならん。その後、犯人は二度と罪を犯すことなく、まっとうに暮らしとるらしい。

まわりの弁護士は、そこまでする私に唖然としてたわ。彼らからすれば、私はどうかしてるんやろね。

知的障害の方が、交通事故に遭った事件も担当した。障害のために医者がうまく話を聴き取れず、診断書が書けないために保険金をもらえないというケース。もちろん、障害の有無を問わず、保険金は支払われなければならん。

私は周辺の支援者などに、事故の前は普通に歩けたのに、今は足を引きずるようになったと証言してもらった。結果、事故が原因ということになり、保険金が下りた。

このときは、弁護士報酬をもらわなかった。私は、弱者からはお金を取らない。自腹を切ってでも弁護する。

弁護士のなかには、サラ金に味方する人もおるけど、私は徹底的に闘った。

たとえば、返済の追い込みをかけてくるような業者には、事務所全員で一日中電話をかけまくった。向こうは「やめてください。仕事になりません」と泣きを入れてきたが、「お前らがやってることと同じじゃ」と突っぱねた。

過払い金の返還請求も徹底的にやった。普通、弁護士は100万円ぐらいの案件から着手する。弁護士報酬は2割程度が相場で、5千円の案件なら報酬がほとんど出ないから、誰もやろうとしない。

でも、私は5千円の案件でもどんどんやった。逆に、着手金を取らんかった。業者に「5千円のために、なんでこんなに必死になるんですか」と聞かれたが、「正義のためじゃ、お前らを許せんからや！」と言うてやったわ。

5人のおばあちゃんと、親のいない兄妹の後見人に

高齢者や子供の案件にも力を入れた。

たとえば、「成年後見制度」。認知症などで判断力が低下した高齢者の財産を保護するために設けられた。家庭裁判所に選任された成年後見人が、本人に代わって財産管理や

弁護士時代。「昔は、なんで法律なんて嘘を覚えなあかんねんと思った。でも、試験のために暗記した」（泉）

身上監護などを担う仕組み。

実際、高齢者が家族や親戚に身ぐるみはがされるようにお金を取られることは珍しくない。そういう案件で、取られたお金の回収に走ったが、すでに散財してしまって戻ってこないことが多かった。

お金を取られてかわいそうなおばあちゃん5人の後見人になり、私は家族ぐるみでお世話したことがある。まだ小さかった息子や娘を、よく介護施設などにも連れていった。

息子は、「どうしてうちにはおばあちゃんが5人もいるの?」と不思議がっていた。娘なんか、いつもおばあちゃんに手紙を読む役割で、実の孫と勘違いされたほど。

「メイク・ア・ウィッシュ」という活動がある。たとえば、難病の子供が「ウルトラマンに会いたい」と言ったら、役者が入った着ぐるみのウルトラマンを病室に連れていくなど、最後の夢をかなえることを手伝おうという活動ですわ。

それをヒントに考えたのが、「メイク・ア・ターミナル」。お年寄りが亡くなる前に、したいことをさせてあげる試み。お世話しているおばあちゃんに「有馬温泉に行きたい」と言われて、事務所旅行と称して全員で行ったら、事務員には「こんな事務所旅行ありますか」と呆れられた。

子供にも、「未成年後見制度」がある。私が父親代わりをしたのは、高校生の兄妹のケース。

母親は2人を10代で産んだが、すぐに家から追い出されて行方不明。お父ちゃんも祖父母も死んでしまって、子供2人で暮らしていた。

この高校生のお兄ちゃんが、親がいない、つまり身元保証人がいないというわけのわからん理由で退学させられそうになっていた。周囲の人が骨を折っていろいろ当たったけどだめだったから、最後に私のところに「なんとかして」と言ってきた。

私は戸籍を取り寄せて親戚中を訪ね歩いたが、全員、面倒は見られんということやった。結局、私が後見人として身元保証人になり、男の子は高校に残ることができた。

そして、うちの事務所の裏に借りたアパートに2人を住まわせ、成人になるまで事務員に世話してもらった。

私は明石市長になったとき、5人のおばあちゃんの息子代わり、2人の子供の親代わりだったわけやけど、たしかにこんな弁護士も市長も、なかなかおらんやろね。

思い出すのは、私に弁護士になれとすすめた石井さんの「明石に戻って、困っている人のためになりなさい」という言葉。それを口だけやなくて、ほんまに実践してきた。本来は政治家もそうあるべきやと思うが、「世のため人のため尽くします」と本気で言える人はどれだけおるんやろか……。

【これからの10年】

ホリプロに所属したのは発信力を100倍にするため。今後『朝生』の田原さんの後任をやってみたい！

'24年4月6日に「ホリプロ」に所属したことをXで報告すると、思いがけないほど多くの問い合わせをいただいた。スポーツ新聞にも取り上げられた。ありがたいことにそれだけ関心を持っていただけたので、私事やけど、なぜ事務所に入ったかをお伝えしたい。

芸能プロダクションといえば、所属する人は俳優や歌手などをイメージしがちだろうが、残念ながら私には、演技や音楽の才能はない。ホリプロにはスポーツ文化事業部があり、そのなかでアナウンサー、アスリート、文化人の部門に分かれ、私は文化人に該当する。俳優や歌手といった芸能人になるわけではない。

問い合わせで多かったのが、「事務所に入ると、今までのように本音をズバズバ言えなくなるのでは？」というもの。そんなことはなく、私は私のまま。むしろ、スポンサーの言いなりの芸能界やテレビ局のあり方を変えていきたいとさえ思っている。

ホリプロには、私からの要望にも応えてもらった。専属契約ではあるが、これまでやってきたXやYouTubeチャンネルなどは、私自身の判断で発信を続けていく。とにかく私は私であって、何かに縛られることはない。

そもそも、どこかに属しても忖度するような人生は送ってこなかった。私のウリは本音トーク。忖度した瞬間、私という人間は終わってしまう。それは、ホリプロもよくわかっているはず。

私は'23年に還暦を迎えた。人生の2周めに入り、これからの10年が勝負やと思う。

私の原点は、10歳のころに冷たい社会への復讐を誓ったこと。「万人に優しい街を作りたい」。その思いだけで50年間走ってきた。

明石の貧乏漁師の家に生まれた私の子供時代、生活は貧しかった。親父が一生懸命働いても、いっこうに楽にならず、ご飯のおかずも少なかった。「頑張ったら報われる社会」にしたいと思った。

そして、「差別」との闘い。4つ下の弟は、生まれながらに障害があった。当時、まだ優生保護法があって、とくに兵庫県では、障害がある子供を地域に迎えないという運動をしていた。障害を持って生まれた弟は、病院で死ぬはずやった。ひどい話やけど、当時はそれがまかり通っていた。それでも、両親は「障害が残ってもいいから」と、弟を家に連れて帰った。

やはり現実は甘くない。弟が2歳、私が6歳のときに、おふくろが無理心中を図る。弟の障害者手帳に「一生起立不能」と書かれた日に、おふくろが弟を道連れにしようとした。結局、死にきれなかったおふくろは、「お前のせいや」と私を責めた。「お前が弟のぶんまで2人ぶん取って生まれてきたから弟は歩かれへんのや、半分返せ」と、無茶苦茶なことを言われたが、私は「返したい」と思った。

溺れる弟に誰もが知らん顔

願いが通じたのか、弟は4歳で立ち上がることができた。家族4人で、「これで小学校に通える」と喜んだ。

ところが、当時の明石市は「電車やバスに乗って遠くの学校に行け」と突き放した。なんとか頼み込んで地元の小学校に入ることができたが、そのときに出された条件は「送り迎えは家族がする」「何があっても行政を訴えない」。

両親は忙しくて、弟を送り迎えするのは私の役割。毎朝、弟の教科書も私のカバンに入れて、一緒に学校に行った。校門を入ったところにあるトイレで、弟のランドセルに教科書を詰め替え、「頑張れよ」と1年生の教室に送り出す。しんどかったね。

全校児童で潮干狩りに行ったときのこと。弟がわずか5㎝、10㎝の浅瀬で突っ伏して溺れかけた。でも、みんな知らん顔。私は走っていって弟を助け起こしたが、このときの悔しさは忘れられん。

泥だらけの弟と歩いた帰り道、私は「冷たい街を優しくしてみせる」と誓った。

それからは猛烈に勉強した。勉強しなくても賢い人はいるけど、私はそうじゃなかった。貧しくて塾には通えず、参考書も買えなかったけど根性で努力し、現役で東大に合格した。そこらへんのボンボンの政治家とは違う。

「兵庫県で、障害者を産ませない運動が始まった翌年に弟は誕生。両親は毅然と弟を育てようとしたが、そこから闘いは始まった」（泉）

大学を出て、社会に揉まれ、47歳で明石市長になった。任期の12年間、やるべきことをやったという自負はある。

途中、不祥事で辞めることになったけど、市民が立ち上がって私に「頑張れ」と言って再起させてくれた。マスコミから叩かれ続けても、最後の執務を終えたときには何百人もの市民が花束を持ってきて送り出してくれた。かつて自分の街を見下していた市民も、「誇りを持てる街になった」と言うようになった。ようこまでやり遂げたと、自分を褒めてやりたいくらい。

市長を辞めた後、積極的にテレビに出たり、本を出したり、「FLASH」の連載をやったりしてきた。でも、全然満足していない。メディアへの出演は増えたが、そこまで有名になっていない。この本の前に11冊出したが、ベストセラーはまだない。Xのフォロワー数は60万人を超えたけど、前澤友作さんは約1千万人やし、ホリエモンも300万人を超えている。

それでも、私は日本をなんとかしたいと本気で思っている。目指すのは、やはり「救民内閣」の実現。市長として12年間で明石を「優しい街」に変えたように、これからの10年で国全体を変えていきたい。もっとも、明石と国ではレベルが違う。市長の延長線上ではなく、さらに次の段階へ自分を高めなあかん。

そのためには、発信力を強化する必要がある。テレビなら、今のような〝ちょい役〟ではなく、『朝まで生テレビ!』（テレビ朝日系）の司会とか、『サンデージャポン』（TBS系）のMCとか、せめてそれぐらいはやらないと始まらない。気持ちとしては、これまでの100倍くらいの発信力が必要だと思っている。

もちろん、これはたんなる私の妄想。だけど、それぐらいの影響力がないと、世の中は変えられん。いっぺん、ホリプロに頼んでみよかな。

第5章

政権交代はこう起こす

地方から「市民派」の席捲が始まった

【地方選で10人当選】

次は首都圏！人口30万人規模の市で現職市長を倒す。全国を「市民に優しい街」に変えていく

日本の政治は、大きな歴史の転換点にあるんやないか。

'23年9月3日、岩手県知事選、東京・立川市長選の投開票がおこなわれ、岩手県知事には達増《たっそ》拓也氏が5選を果たし、立川市長には、無所属新人の酒井大史《だいし》氏が初当選を決めた。両氏とも、私が応援した候補。4月の明石市長選、7月の三田《さんだ》市長選に続いてのこと。明石市議の5人、兵庫県議の1人を合わせれば、10人当選。しかも、そのいずれも知名度はほぼゼロ。三田市長に当選したのも、無名の新人候補やった。

選挙は知名度がなくても勝てる。有権者である市民は、自分たちの希望をかなえてくれる候補を選ぶから。キーワードは「市民vs.組織」「地方vs.国」。この構図さえ作れば、国政選挙はともかく、地方選挙は勝てる。

達増さんの陣営は、極力、政党色を薄めて臨んだ。「市民派市長」の象徴である私に応援の依頼があったのもその流れで、組織や国と対決する形になった。

選挙戦では、四国くらいの大きさの岩手県の北の端から南の端まで2泊3日で走り回った。私の役割は、これまで選挙にあまり関心のなかった無党派層や、一部の保守系の票を掘り起こすことやったと思う。

勝利のポイントは、やっぱり、達増さんが市民や県民の側に立ったこと。対抗馬の千葉絢《じゅん》子《こ》氏は、業界団体丸抱えの自民党と公明党に支えられていた。千葉氏は元アナウンサーで、一見、浮動票の無党派票を取れそうにも見えたが、票は達増側に流れた。自民支持層も、半分近くは達増さんに入れた。

立川市長選で当選した酒井氏も、以前は立憲民主党所属だったが、完全に党を離れ、今回は無所属で市民を頼りに選挙に勝った。最後は1千500票の僅差だったが、競り勝ったのは、市民派というスタンスを明確にしたからやと思う。政党や組織に依存せず、市民を信じて戦う。市民派の私の支援を得る。その戦略が奏功したんやろうね。

そして岩手県知事選で、相手陣営が強調したのは「国とのパイプ」。とくに岩手県の場合、地元選出の鈴木俊一財務相が影響力を持っているから、「国からカネを引っ張ってきます」というスタンスだった。いつの時代の話やねん！　もう国に「引っ張る」ほどのカネはない。要は、国と地方は主従関係にあり、カネは国から地方に来るものという古い発想なんやね。

今は、地方が独自の政策をできる時代やし、実際、明石が子ども政策で「全国初」をやりまくって評価された。「明石」という言葉が、市民派選挙のシンボルにもなった。

選挙での訴えを見ても、岩手県知事選では、達増陣営が「医療費の18歳までの無償化」「2人め以降の保育料の無償化」の実績を強調した。立川市長選では、酒井氏の目玉公約は「給食費の無償化」。岩手も立川も明石と同様のことを訴え、それを含めて支持された。

岩手を回って驚いたことは、私の演説会の後、地元のお母さんたちが出待ちしてるんですわ。そして「明石市長のおかげで、岩手県も2人めからの保育料が無料になった」とお礼を言われもした。

選挙に勝つのは簡単じゃないと多くの人は思うやろうけど、じつはもっとも勝ちやすいのが市長や県知事などの首長選挙。とくに一騎打ちなら○か×なので、これほど簡単な戦いはない。「対決の構図」を作れば勝てる。

それは、いまだにマスコミが言っているような「保守vs.革新」なんかではない。有権者は、自分たちの生活第一。生活をよくしてくれるとわかれば支持する。

全国に広がる変化への期待

岩手県知事選では、エッフェル塔前の記念撮影が物議を醸した自民党女性局のフランス研修に参加した広瀬めぐみ参院議員が、相手方候補の応援の中心の1人やったことも影響した。物価高に円安で、庶民は海外旅行なんかできないのにという思いをもった多くの県民にとって、相手方は、「自分たちからは遠い候補」やったんです。

当初の下馬評では「達増知事、危うし」という見方もあったが、庶民感覚のない相手方候補と、市民、県民のためというスタンスに徹した達増知事との対立の構図があったからこそ、10万票もの大差で圧勝したんやと思う。

全国を歩くと、〝変化〟への強い期待をひしひしと感じる。以前、岡山と福岡で講演したとき、「うちの街でも明石のような市長を作ってください」と言われたもん。花咲爺さんやないけど、各地で「泉が来ると、市長を作ってくれる」みたいなことを言われる。今までみんな、誰が市長になっても同じと諦めていたのが、市長が変われば街も変わると、気づき始めた。

私が市長を辞めたとき、今後の政治への関わり方として考えたのが「横展開」「縦展開」「未来展開」。

「横展開」とは、明石でやったことをほかの街に広げること。「縦展開」とは、それを「県」

や「国」で実行すること。「未来展開」とは、50年先の世代にも責任を果たすということ。

まずは「横展開」から始めていて、市長選では、対決の構図さえ作れれば勝つ自信はある。そうやって、全国の街をオセロの石のようにひっくり返していけるといいね。

じつは、首都圏で明石と同じ30万人規模の街をひっくり返そうと企《たくら》んでいる。今度はもっと私が前面に出て、長く続けてきた現職の市長を一瞬で倒す。その戦略を描いている。実際、候補者とも話をしている。

「縦展開」のほうも、いろいろな可能性が生まれている。あんまり言うたらあかんけど、多くの政党からオファーがきているし、新党結成の機運も高まってきている。

県知事選はそう簡単にいかないが、市長選なら勝たせる自信はある。全国を「市民に優しい街」に変えていくので、見ていてください！

【「子供の留守番禁止」条例案】

親は働きに出られへんし、無茶苦茶な内容。自公が支配する議会の暴走は全国で起こっている

「（小学3年生以下の）子供に留守番をさせる」「子供を置いてゴミ捨てに出る」「子供だけで登下校させる」「子供同士で公園で遊ばせる」「未成年の高校生に子供を預けて買い物に出かける」「子供にお使いを頼む」。

これらはすべて「虐待」に当たると聞いたら、冗談やろと思うんと違いますか？　ところが、そのように定める虐待禁止条例の改正案を、埼玉の自民党県議団が議会に提出した。もう無茶苦茶や。

案の定、県民の反対は強く、自民党県議団は'23年10月10日に改正案を取り下げた。

子供に留守番させたらあかんというなら、親は働きに行かれへんがな。小学3年生くらいになれば、登下校時に親がついていったら、逆に恥ずかしがられますわ。子供が公園で遊んでいる間中、親は買い物にも行けず、張りついとかなあかんのかって話。

高校生のお兄ちゃんに、小学3年生の妹の面倒を見てもらうことすらNG。子供を残してゴミを出しに行ってもあかんのなら、誰かが代わりにやってくれるんか。テレビの『はじめてのおつかい』（日本テレビ系）は〝虐待推進番組〟になってしまうわ。

もうひとつ大きな問題は、県民に通報義務を課していること。子供をお使いに行かせているのを見たら、それは虐待だから通報しなさいと命じているわけ。そうなると、ものすごい監視社会よ。地域の人間関係を壊す気かい！

児童虐待防止が目的なら、そのために何より必要なのは、行政が子供や保護者を支援すること。「子供だけで留守番させるな」やなくて、ヘルパーを派遣するとか、預かり保育をするとか、学童保育を夜7時まで延長するとか、策を講じるのが政治。

改正案は行政が責任を放棄して何もせず、親が24時間、子供を見ろと言っているのと同じで、そもそもの発想がおかしい。共助、公助の考え方ではなく、自助で親にすべてを押しつけるスタンス自体が間違っている。

埼玉県議会の定数は93。47が過半数だが、自民だけで58議席もある。自民の賛成だけで、条例案は可決できる状況。さらに、公明党は9議席だから自公で計67と、3分の2を超える。

改正案を提出した自民党県議団の田村琢実団長は、テレビカメラに向かって「（案の内容は）全国初です」と胸を張っていた。あんた、ほんまに子育てのことわかってる？　これが多くの国民の反応よ。田村団長は子育てに興味がなく、体験したこともないんでしょう。与党の人たちは頭でっかちで、親に責任転嫁し、「お前が悪いんや」みたいな発想をするんやね。

問題は、そんな古臭い価値観の人が世の中に一人、二人はおるという話ではなく、その人が埼玉県議会における与党の団長であり、しかも、誰もそれに反旗を翻すことなく、公明まで賛成していること。こんなおかしな改正案を考え出したこともそうやけど、それがほんまに成立しかねないことに、みんな呆れている。

じつは、そこには地方議会のあり方や、選挙制度の構造的な問題がある。埼玉は首都圏で、無党派が多い都市部の一定の票がある。だから、県知事選では野党候補が通る。今の大野元裕知事も、上田清司前知事も野党系で、市民派、県民派の候補が通る土壌。

ところが、埼玉県議会選挙では、ほとんどの選挙区で自民候補が当選する。無投票の選挙区も多い。なかには、「なんでこんな人が」というような人まで通ってしまう。だから、県議会は自民ばかりという状況になり、結果、民意とは無縁の条例ができてしまう。

市長はおかしな条例案を食い止められる

気になるのは、改正案の背景にある家族観に、旧統一教会の思想と共通するものを感じたこと。「親は子供のそばに24時間いてやれ」という古臭い考え方。実際、藤本正人所沢市長（当時）は以前、旧統一教会の関連団体のイベントに出席したことを認め、「反省していません。これからもつき合います」と開き直っていたほど。埼玉は、ほかにも旧統一教会との関係を疑われる国会議員や県議会議員が多く、選挙運動で支援を受けるぶん、ノイジー・マイノリティである宗教団体の主張に影響されるんやないか。

こうした議会の暴走は、埼玉だけの問題やない。じつは、明石でも同じ。12年間、議会の多数派と戦ってきた私は、今回の埼玉の改正案が生まれたことについて、どこも一緒やなあと実感する。

多数派がおかしな条例を作ろうとしたときに食い止めるのは、市長の役割。そのために、地方自治法１７６条の1項に「再議」というルールがある。条例が可決された場合、市長や県知事はそのルールに基づき、「一般再議」の手続きを取ることができる。そこで、議会の3分の2以上の賛成がなければ条例は廃案となる。仮に3分の2以上の賛成で再可決されても、「特別再議」（同4項）で、国の判断を仰ぐことが可能。さらに、裁判所へ提訴して、条例の執行そのものを停止することもできる。

現に、私は市長になった最初の年から、「一般再議」や「特別再議」を駆使し、議会と戦ってきた。改正案の採決に対して、大野元裕知事にできることはいろいろあったはず。

広島県の安芸高田《あきたかた》市では、’20年に30代で当選した石丸伸二市長が議会と対立していて、そのことをＳＮＳで発信し注目されている。マスコミは市長批判や県知事批判は好きやけど、地方議会については無関心で報道してこなかった。しかし、石丸市長の発信によって、地方議会の暴走ぶりが全国に知れわたるようになった。

今回の埼玉の改正案といい、安芸高田市の例といい、国民が地方議会の問題について気づき始めたという点では、いいきっかけになった。しかし、国政に目を向けると、子育てをしたことがない議員が「異次元の少子化対策」と叫んでいる。埼玉を笑えんよ。

【所沢、徳島・高知で推薦候補圧勝】

「組織が言い寄ってきても絶対無視」を貫徹。市民派による政権交代に手応え

'23年10月22日は「選挙サンデー」やった。参院徳島・高知選挙区と衆院長崎4区の両補選という国政選挙に加え、埼玉の所沢市長選の投開票がおこなわれた。

この3つのうち、私が応援で入ったのは徳島・高知と所沢。両方とも、私の推薦候補が大差で勝利した。一方、長崎では立憲民主党の候補が敗戦。結局、国政選挙で自民党は1勝1敗に終わった。

この結果からわかることは単純。有権者は、与党も野党も選ばなかったということ。

まず、国民は今の岸田政権に対し、負担ばかり増やして「ええかげんにせえよ」と怒っている。急に減税を唱え始めたけど、その場しのぎなのがバレバレ。

徳島・高知で広田一さん（55）が圧勝したのは、無所属で戦ったから。マスコミはこの補選を「与野党対決」と書いたが的外れで、真のテーマは国民負担増をやめえよというもの。それ

をちゃんとわかった広田陣営は、自民支持者や保守層にも食いこんだ。

だが、長崎では相も変わらず与野党対決を前面に打ち出した。泉健太代表をはじめ立憲の幹部が応援に入ったのに、前回の衆院選以上に離されて負けた。与野党対決なら自民が勝つわけや。

そして所沢市長選も、同じく無所属の小野塚勝俊君（51）が想定どおり勝利。9月13日に小野塚君と一緒に所沢市役所で立候補の記者会見をした時点で、選挙は終わっていた。すでに勝つ確信があった。

小野塚君には6月ぐらいから相談を受けていて、何度も会い、所沢市政の課題などをつぶさに確認しながら、それを踏まえて選挙戦略を練った。街頭演説には、選挙前に3回、本番でも初日、中日、最終日の3回入っている。その過程で、市民の間では現職に対する不満が強いことがわかった。

だからもし、選挙当日に出口調査をしたら、投票終了の夜8時に「ゼロ当」（開票率0％で「当選確実」を報じること）やなと思っていた。

結果、小野塚君は約5万7千票を獲得し、次点に約1万6千票差をつけた。対立候補の藤本正人氏は自公推薦で、3期12年もやっている現職。当然知名度は高い。でも、圧勝は私の読みどおりやった。

藤本氏は、市内の小中学校にエアコンを設置していなかったことや、コロナ禍で所沢に保健所がないことが批判された。旧統一教会との関係も取りざたされたのに開き直っている。そもそも、マイナス要素が多かった。

所沢市長選で私が考えるポイントはふたつ。ひとつは、市民を見るか組織を見るか。藤本氏は、自民や公明の支援を受け、組織のほうを向いている。私が小野塚君に伝えた応援の条件は、「絶対に組織の支援を受けるな」ということ。組織が言い寄ってきても無視しろと。受け入れたとたん、市民は離れるから、徹頭徹尾、市民と一緒にやっていく姿勢を貫けと。

もうひとつは、本気かどうか。相手は3期12年間、市長をやりながら、子ども政策など、ほとんど何もしてこなかった。ところが、選挙戦で不利になると、子供の医療費無償化や、保健所を作ると言い出した。急にそんなことを宣言しても、誰も信用せん。

街頭演説で足が止まる――選挙で勝つ試金石

そこで、小野塚君にはこう指示した。やりたいことを全部書き出せと。すると彼は、「市長就任日に、所沢を中核市にして保健所設置を表明」「'24年3月の議会では、最初に18歳までの子供の医療費や給食費の無償化の予算案を出す」と選挙ビラに記し、全戸に配布した。

視線の先は、市民か組織か。やる気があるのかないのか。このふたつを争点化できたら、絶対に負けない。

とにかく、市民のニーズや気持ちに寄り添うことがすべて。有権者は自らの生活のため、子供のために何をやってくれるのかと切実な思いを抱えている。その市民の視点に立てば、選挙は勝てる。

所沢市長選は、街の空気を初めて見たときに勝利を確信した。私に言わせれば、街頭演説は「出口調査」と一緒。道行く人が足を止めるかどうか。話を5分だけ聞いて去るのか、最後まで聞くのか。このときは、立ち止まったら帰らずに最後まで聞いてくれる人が多かった。つまり、市民の関心が高いということだから、必ず勝つと思った。

「当選は確信していたけど、所沢は出口調査がないから開票を待ち、万歳したのは夜の10時半やったね」（泉）

選挙戦の最終日の夕方に所沢に入ると、河野太郎デジタル大臣と遭遇。「前明石市長・泉房穂来る」という看板の横に、「河野デジタル大臣来る」という掲示があった。まるで「河野対泉」の対決の構図。でも、河野さんも来ると知って、正直、「ありがとう」という気持ちになった。

予想どおり、「組織対市民」の戦いの場に大臣を呼ぶ感性そのものに、市民は「ノー」を突きつけた。しかも、マイナンバーでゴタゴタしているし、国民のために何かやってくれたわけでもない河野さんが来ても、票を減らすだけよ。

自民はそもそも勘違いしている。今回、長崎や徳島・高知に、今井絵理子参院議員が応援に入っていたが、これで票が増えるわけない。今井さんが「私も子育てを頑張っています」と言うても、普通のお母さんが聞いたら、「子供を放っといて不倫した人や」としか思わん。20年以上前のアイドルを起用するなんて、自民はオッサンの好みで政治をやってる証拠やね。

私の今後の課題は、政権交代をどう実現するか。ほんまに政権を取るなら、国政選挙、とくに小選挙区で勝たなあかん。現在の小選挙区は、自民に支配されている。

その自民に小選挙区で「市民派」が勝てるということが、選挙サンデーで実証された。同じことを、全国の小選挙区で「せーの、ドン」でやったら、市民派が総選挙で多数派を取れるはず。

だから所沢市長選は、私にとって小選挙区選挙のいいテストになった。市民派による政権交代への手応えを掴めたので、この結果に世間はもっと注目してほしいね。

【維新の終わりの始まり】

吉村知事はいつまで橋下‐松井路線を続けるんや。利権政治から脱するため、今こそ万博の計画見直しを

'23年シーズン、38年ぶりに日本一を達成した阪神タイガース。感動に浸ろうとしたファンに水を差したのが、優勝パレードの〝政治利用〟やった。

実行委員会が発表したタイトルは、「阪神タイガース、オリックス・バファローズ優勝記念パレード〜2025年大阪・関西万博500日前!〜」。なんで「万博」をくっつけてんねんと、批判が巻き起こった。

野球への愛もない。当然、ファンは怒るよ。大阪府はマスコミの取材に、パレードで万博のPRはしないと回答したが、そんなら最初からよけいな文字をつけるな!

吉村洋文大阪府知事は、パレードと万博が無関係だと発表せず、またヘタを打った。ただでさえ、日本維新の会は笹川理《おさむ》府議のパワハラ・セクハラや、池下卓《たく》衆院議員が市議2人を無届けで公設秘書にした問題、藤田文武幹事長らの政治資金収支報告書の不記載といった不祥事

が相次いでいた。馬場伸幸代表にいたっては、社会福祉法人の乗っ取り疑惑があった。

大阪万博は、'15年に当時の松井一郎府知事と吉村洋文市長、橋下徹君が、安倍晋三首相と菅義偉官房長官と酒を飲んで誘致へと大きく動きだした。これは、本人たちが認めている事実。でも、安倍さんはもうこの世にいないし、菅さんはもう総理やない。松井さんは政治家を引退したし、橋下君も今はコメンテーター。吉村知事は、いつまで4人の〝亡霊〟に従うのか。

じつは、橋下－松井の路線を引き継いでいるのは馬場さん。馬場さんは、松井さんの指名で代表になった。もともと自民党の地方議員だから、本人が維新を「第二自民党」だと発言したのも違和感がない。つまり、馬場さんは古い政治の象徴。万博・カジノについても見直すという発想はない。

しかし、国民ははっきりと方針転換を求めている。'23年11月初めの共同通信の世論調査では、万博開催について「不要だ」は68・6%、「必要だ」は28・3%。なにより維新の支持層でも「不要だ」は65・7%で、「必要だ」の33・1%を大きく上回った。もはや見直しを決断するしかない。せめて、愛知万博ぐらいに縮小するか、最低でもわけのわからん木造リング（大屋根）を造るのをやめなさい。この建築物だけで350億円かかり、総建設費は当初予算から倍増の2千350億円に膨らんだ。

ここで、私は吉村知事や維新を叩くつもりはない。万博を開催するかどうかの判断が、維新の分岐点になるということを言いたい。

今、維新が問われているポイントは2つ。ひとつは、古い政治から新しい政治に転換できるのかということ。つまり、「第二自民党」から脱皮できるのか。もうひとつは、大阪限定の地域政党から全国政党に変貌できるのか。これらの点で、万博・カジノの計画の見直しを決断できるかどうかが、今後の維新を占う試金石になる。

万博の目的はカジノ。国民にはバレている

私は、維新にはプラス、マイナスの両面があるとみている。なんやかやいうても、維新は大阪府知事を取り、大阪市長を取った。そのほかの府下の地域でも、半分くらいは維新がトップの座に就いた。それだけ、市民や府民に期待されている証拠。その維新の共同代表を務める吉村知事は、評価されてしかるべき。

彼は府民の生活に着目し、子育て支援や教育費の無償化に踏みだした。なかでも高く評価できるのは、教育費無償化の所得制限を撤廃したこと。所得制限については、元代表の橋下君が今も主張しとるが、吉村知事は橋下君の意に反して撤廃してくれた。

ちなみに、吉村知事は'19年の知事選のときに「給食費の無償化は共産党の政策だからやらない」と言っていた。いい意味で手のひら返しをしてくれた。

所得制限の撤廃も給食費の無償化も、いいと思ったら即実行。しかも、党の創設者である橋下－松井の政策に反することをやり、「生活」や「子育て」重視に舵を切った。これこそ政治決断。

しかしながら、吉村知事をどうしても褒められんのは、万博・カジノに関しては古い政治を踏襲していること。

あらためていえば、当然、万博はカジノのためにある。いきなりカジノだと府民のウケが悪いから、万博をネタにして交通網を整備したり、地盤改良をやった。カジノのために、本来不要な万博をやるわけや。この構図は多くの国民の目に見えている。

万博を強行することは維新のためにならん。全国政党化を狙う際、万博はネックになる。東京や北海道の人には、万博は関係あらへんから。

それなのに、会場建設費が倍になり、大阪府・市、経済界、国が3分の1ずつ負担することになっているが、国の負担とは税金やからね。東京の人は、なんで大阪のために負担させられるんやと思うやろうね。万博もカジノも、まさに古い利権政治の象徴。維新が開催にこだわり続けると、新しい政党として全国展開するときに足かせになる。

今後、予算はさらに増えるやろうし、万博の真の目的はカジノであることが、より鮮明になってくる。世論が賛成に転じることはない。横浜市で、カジノ反対の世論が市長を替えたように、吉村知事も首を取られるかもしれん。

'95年に青島幸男都知事は「都市博」を中止したし、'05年の愛知万博は縮小開催した。横浜市は'21年の選挙でカジノ誘致を撤回。'23年12月、札幌市も'30年冬季オリンピック・パラリンピックの招致活動を停止した。それで大きな問題は起こっていない。

吉村知事よ、今こそ思いとどまれと言いたい。まだ間に合う。ここで決断すれば、絶対にヒーローになれる。逆に、万博開催を見直さんかったら、それが維新の「終わりの始まり」になるかもしれん。吉村知事にとって、真に「決断できる政治家」になれるかどうかの正念場やね。

ゼレンスキー大統領だってコメディアン出身。総理候補は政治家以外の芸人もあり！

【「救民内閣」で野党一本化を！】

政権交代は一瞬でできる。こんなことを言えば、「泉、どうかしたんか」と言われそうやけど、みんなできないと思い込んでいるだけ。

岸田政権の支持率は発足以来、過去最低を更新し、まさに末期症状。一方、「ポスト岸田」とされる顔ぶれは石破茂、河野太郎、小泉進次郎と、お馴染みのメンバー。だいたい、同じ自民党内で総理が交代しても政策は大きく変わりようがないし、生活はよくならない。国民は、それをわかっている。

岸田総理はノー。でも、党内にもこれといった代わりはおらん。となれば、残る道は「政権交代」しかない。

たしかに野党も頼りない。立憲民主党は消費税減税はしないと明言していて、自民より財務省寄り。日本維新の会はここにきて、大阪・関西万博の件で一気に国民の気持ちが萎えてしまった。無駄遣いはしないと言いながら、莫大なカネを使っている。しょせん、第二自民党。

それでも、政権交代のためには、野党がまとまるしかない。すなわち、維新、立憲、国民民主党、社民党、共産党、れいわ新選組に無所属も加えての候補者一本化しかない。

場合によっては、自民の一部も入るかもしれん。自民の中には、小選挙区で出たいけど、すでに現職がいるというケースがある。彼らを巻き込めるし、場合によっては、公明党も引っ張り出す。公明は、かつて新進党時代に諸党派と結集したことがある。

スローガンは、「国民負担増の冷たい政治から、国民を救う政治への転換」。すなわち、「救民内閣」樹立のために大同団結すれば、政権交代は即可能やと思う。大連立を作って、全選挙区で雪崩現象を起こせば政権を取れる。

そんなことできっこないとか、政党の壁を乗り越えられないとか言うけれど、政治はなんでもありやから。「権力を取って国民を救う」という一点で、一つになれる。

政権交代に必要な議席数は、衆議院の定数465のうち過半数の233。

では、どうやって233議席を獲得するか。それは、とにかく全国289ある小選挙区で一騎打ちに持ち込んで勝つこと。そして、比例でも一定の支持が得られれば、233議席は射程に入る。

今、野党の一本化が進まない理由は、政権交代にリアリティがないこと。だから、野党は党勢拡大を優先して比例狙いになる。要は、比例の議席上積みのための票の掘り起こしを目的として、小選挙区に誰でもいいから立てる。結果、野党が分裂し、与党候補は過半数の得票がないにもかかわらず、小選挙区で通るというカラクリ。比例の議席は票数で各党に割り振られるから、野党はとにかく比例票が稼げれば小選挙区は落としてもいいと発想する。落ちた候補も、重複立候補すれば比例復活の可能性がある。だから、はなから比例復活を目指す野党候補ばかりになる。セコい話よ。

でも、この状況を変えるのは簡単。重複立候補を野党各党がやめればいい。候補者には、小選挙区か比例かを選ばせる。同じ選挙区で候補がかち合ったら予備選をする。つまり各小選挙区で統一候補を決める。その統一候補が289選挙区で、与党と一騎討ちをする。

「権力」の一点で大同団結はできる

候補を集めるのは難しくない。国会議員になりたい者は、本音ではどんな形であれ当選できればいいと思っていたりする。通りそうやと思ったら、すぐに近づいてくる。

政権交代が見えてきたらなおさら。各党の幹部級なんて大臣になれるかもと思った瞬間、連立になびいてくる。

自民党なんて野党以上に、右左を含めて雑多な人材がいる。権力にもっとも近い場所だから、本来はバラバラの人たちが、磁石のように権力にくっついているだけの組織。

一方の野党は、権力がないがゆえに乱立状態。これを糾合するのは、話し合いでも政策でもなく権力。政策合意なんかいらん。権力の一点で与党に対抗し、奪取するんだという掛け声のもとに連立すればいい。'93年に実現した、細川政権8党派連立の例もある。

ただ、その権力が目指す形はあくまで救民内閣。救民内閣を作るという流れが起きれば、あっという間に小選挙区で候補の一本化が進み、総選挙一発で引っくり返す状況ができると信じている。

今の日本の政治は末期症状。でも逆にいえば、夜明け前。もっとも寒くてキツい状況に国民はもう耐えかね、有権者としての心理が変わってきた。つまり、一瞬で変わる気運が高まってきている。

政権交代を実現するには、小選挙区で勝てばいいだけの話。実際、同じ一騎打ちの選挙で、私は勝ってきた。再出馬した'19年の明石市長選でもボロ勝ちだったし、'23年4月の市長選では、相手が自民と公明、維新とガッチリ組んだにもかかわらず、私が推した無所属候補がダブルスコアで勝った。

その後も、同じ兵庫県の三田市長選で、自民、公明、立憲、国民民主の4党が推薦した与野党相乗りの現職に、我が陣営の新人候補が勝利。そして、埼玉の所沢市長選では、4選を目指した現職に私の応援候補が圧勝した。

総選挙でも〝救民派〟の候補を全国289選挙区で立て、「せーの、ドン」で戦えば、政権交代はできるはず。

今、その形に持ち込むためのシナリオを考えている。私自身、選挙に出るつもりはないが、そのシナリオに沿った〝キャスティング〟と、広報のイメージ戦略は、私の役割やと思っている。

〝主役〟の総理候補は、政治家以外の人でもいいと思う。ウクライナのゼレンスキー大統領だってコメディアン出身やし、そういう選択肢もあっていい。政治家に向いている魅力的なタレントは数多くいる。

そんなの妄想やと思われるかもしれんけど、私はこれまでも選挙で下馬評を覆してきた。マスコミは、国民の「生活をなんとかしてくれ」という切実な気持ちがわかっていない。きたるべき総選挙で、救民内閣の誕生はある。私は本気でそう思っているのです。

【「国民のための政治」への７つのステップ】

総選挙での過半数２３３は実現可能。政権交代後、国民のために官僚を動かす政治に変えられるかがカギ

先述したとおり、「国民を救うまでのシナリオ」の一部を公開したい。いうならば、「救民内閣構想・７つのステップ」のイメージ。

最初は「世論喚起」。まさに今がその段階。'23年、私は明石市長選、三田市長選、所沢市長選などを応援し、軒並み勝利してきた。市長選と同じ一騎打ちの小選挙区選でも勝てることを、いわば証明できたと思っている。これが「諦めるのはまだ早い。社会は変えられる」という空気を醸成しているんやないか。

国民に負担を課しながら、政治家は裏金で潤っている。岸田内閣も自民党も、支持率が急激に下がり崩壊寸前。国民が政権交代に向けて立ち上がる条件は揃った。

２つめは「大同団結」。政権交代の実現は、「救民内閣」の大義のもとに各党が手を組めるか

否かにかかっている。

「泉は右か左か」とよう聞かれるけど、どっちでもない。国民に負担を強いる政治から、国民を救う政治に転換する。その一点で、全員が連携できるはず。自民の一部、場合によっては公明も、そして野党の立憲民主党、日本維新の会、国民民主党、れいわ新選組、共産党、社民党、みんなでつくる党、参政党に加え、百田新党や、前原新党も連携したらいい。

「黒い猫でも、白い猫でも、鼠を捕るのがいい猫だ」。経済発展の手段は、資本主義も社会主義も関係ないという意味の、中国の鄧小平の言葉。政党によって外交・安保や原発政策は違っても、今は国民の生活を救うことが共通課題。そのためには、何色の猫でもいい。

かつて、小池百合子都知事の「希望の党」ブームは、「排除します」のひと言でしぼんでしまった。大同団結を実現するためには、「排除の論理」があってはならない。

3つめは「候補者調整」。現状は、各党がはなから比例復活を狙い、候補を〝かかし〟として小選挙区に立てている。それが食い合って、与党を利している。

今必要なのは、各党の合意に基づく小選挙区での予備選の実施と、比例区との重複立候補の禁止。予備選で負けた者は、当該選挙区で立候補しないルールにする。そして比例区については、統一名簿を作るのではなく政党ごとに候補者の扱いをまかせればいい。各党の頑張り次第で、議席獲得が見込める。

小選挙区と比例区を合わせて、衆議院全465議席の過半数233議席というのは十分、現実的な数字よ。

細川政権、民主党政権の二の舞を演じないために

そして4つめは、いよいよ「政権交代」。これまで'93年の細川政権と、'09年の民主党政権のときの2度起こった。細川政権は8党派連立で、今も似た状況。31年ぶりに、細川政権以来の多党連立政権が誕生するかもしれん。

5つめは「方針転換」。政権交代はゴールではなくスタート。政策を実現するためには、まず方針転換を打ち出すこと。政権交代だけで終わってしまったら、細川政権、民主党政権の二の舞になる。

細川政権は、小選挙区制を導入したくらいで、国民のためにとくに何かしたわけではない。民主党政権も同様に、「事業仕分け」で行政改革のふりをしただけ。子供一人当たり月2万6千円の「子ども手当」も、高速道路の無料化も反古《ほご》にした。

政権交代するだけでは意味がない。だから、方針転換が必要。今は政治家が官僚の言いなりになって、国民に負担を課している。国民のために官僚を動かす政治への転換。それがもっとも重要や。

ではどうするか。総理大臣が人事権を行使すること。業界団体に媚びへつらう大臣や、方針に従わない官僚は入れ替える。それは強権発動ではなく、正当な権力の行使。

これを実行したのが、安倍政権。安倍晋三元総理は内閣法制局長官をクビにして解釈改憲をしたし、検察庁の人事にも介入した。是非はさておき、総理が人事権を使って方針転換できることは証明ずみ。

その安倍元総理も、財務省にだけは勝てなかった。財務省と戦うのは容易やない。言うことを聞かん大臣や財務官僚のクビを挿《す》げ替えられるか。それが方針転換には不可欠。

また、財源の問題もあるが、シンプルにいったん、思い切って国債を発行すればいい。「お金がないからできない」やなくて、お金がなかったら、まずは国債を発行して国民の生活を助ける。10年程度で帳尻が合うようにすることだって可能。

6つめは「国会での可決」。政権交代して方針転換ができても、法案が可決されなければ政策を実行できない。

たとえば「食料品など生活必需品の消費税ゼロ」や「子育て費用の全国一律の無償化」といった法案も、そう簡単には通らない。政権交代を支持した議員が全員法案に賛成するかといえば、それは甘い。実際に予算をシフトしようとすると抵抗してくる。

そこで状況を打開するには、解散を断行すればいい。そして、掲げる法案に賛成する候補者だけを公認する。かつて小泉純一郎元総理が、郵政民営化に反対する議員を「抵抗勢力」と呼び、その対立候補として「刺客」を立てた手法を踏襲するわけや。

最後は「令和の大改革」。私が考えているのは「廃県置圏」。今の日本は国、都道府県、市区町村という三重構造。明治維新で全国一律の中央集権制度を作る必要上、都道府県を設置したが、歴史的役割はすでに終えた。無駄が多く、スピード感もない。地域の特性も生かされていない。だから二層構造に戻す。つまり47都道府県を廃止し、全国約1千700の市区町村を300くらいの圏域に再編するイメージかな。

もうひとつの改革は「首相公選制」の導入。日本のリーダーが国民ではなく派閥のほうを向いてしまうのは、首相が選挙で直接選ばれていないことが大きい。首相公選制は、国民も賛成すると思う。

じつは私のこの構想に対して、いくつもの政党から連絡が入り、マスコミの幹部からも取材が相次いでいる。夢が現実になるかもしれまへんで。

【女性総理候補】

「無難」な高市さん、「お嬢」な小渕さんよりは「決断力」の上川さんだが……伏兵は小池都知事

「女性総理」が、政治のキーワードになっている。

当然、性別に関係なく、候補に総理としての資質があることが第一なのはいうまでもない。そこで、女性の有力候補と目される方々について、コメントをしてみたい。

まず、高市早苗経済安全保障相。'21年の自民党総裁選で、安倍晋三元総理が推した人。安倍派は解散したが、高市さんはタカ派の流れを汲む女性候補として注目されている。いわば、永田町の論理で総理候補に挙がっているわけや。

高市さんは大臣をいくつも経験し、知名度が高いし、「総理にふさわしい」候補の中で女性で1位と、国民的な人気もある。ただ、総理になって国民のためになる政策を実行してくれるかというと、正直言ってよくわからない。これまで何か大きな仕事をしたということもなく、大胆なイメージがあるが、じつは与えられた役職を無難にこなす人というのが実情かな。

'24年1月、高市さんは大阪・関西万博の延期について進言したが、すぐに発言を撤回。これは、総理を目指す政治家としては大きなミスやったと思う。「今は万博より能登半島地震の被災者支援を優先すべき」と考えるなら、あくまで筋を通すべきやった。

きっちりと被災者支援をしたうえで、万博も実施できることを数字で示し、「両方できます」と言うのなら、それはそれでかまわん。

でも、舌の根の乾かんうちに発言を変える人は、リーダーに向かない。万博延期発言は尾を引くように思う。

次に上川陽子外相。私が国会議員だった'03年、「犯罪被害者等基本法」の議員立法に携わった際、与党の実務責任者が上川さんで、野党の実務責任者が私やった。ある意味で同志。法案が衆院本会議で可決されたときには、思わず2人で抱き合ったからね。

'14年、上川さんが初めて法相に就任したとき、私は大臣室に胡蝶蘭《こちょうらん》を贈った。その後、お礼の電話があり、そこで「無戸籍」の子供たちの支援をお願いした。本来、国がやるべきことやと。

1週間後、上川さんが記者会見で「無戸籍」問題のチームを立ち上げると発表した。大事だと思えばすぐにやる、決断力のある人やと思った。そういう経緯もあって、私は上川さんを高く買っている。

ただ、自民の党内力学を見れば、「上川総理」は難しいだろうと思っていた。ところが、ここへ来て〝援軍〟が登場。'24年1月の麻生太郎副総裁の「おばさん」発言や。上川さんを「おばさん」などと表現したことが失言とされたが、発言の内容自体は、麻生さんが上川さんを評価するもの。「上川総理」もあるかもしれん。

3人めは、小渕優子選対委員長。かつて国会ですれ違うたび、小渕さんはいつも高級な服を着て大きな指輪をつけていた。「元総理のお嬢さん」程度の印象しかない。若くして大臣になったが、何かしたという記憶もない。パソコンのハードディスクをドリルで壊した「ドリル優子」のほうが有名やね。

小渕さんがあかんと思ったのは、先日の前橋市長選と京都市長選の後のコメントや。前橋市長選では、自公推薦で現職の山本龍氏が、野党支援の新人に1万数千票差で負けた。京都市長選では自公候補が勝ったが、立憲民主党、国民民主党も相乗りしていた状況で、共産党が支援する候補になんとか勝てただけ。

負けた前橋市のある群馬県は、小渕さんの地元。自民の選対委員長が、地元でボロ負けしたわけや。

しかし、小渕さんは負けた前橋市長選については何もふれず、京都市長選に対してだけ、「今後の選挙に向けた弾みになる」とコメントした。その感覚が、国民から乖離している。やっぱりお嬢さんで、国民のリーダーではない。

小池都知事にとっても総理を狙う好機

4人めは、野田聖子元総務相。私が「発達障害者支援法」に関わった際、与党の取りまとめ役が野田さんやった。野田さんは福祉の問題なども含めて、弱い立場の人に気配りをしておられた。その意味で、私にとってはアリ。

ただ、政治家としては「普通の人」。野田さんが総理になるのは、永田町の論理でもなかなか難しい。'21年の総裁選には出ているが、20人の推薦人を集めるのがやっとという状況が続いている。長い間、総理候補といわれながら、常に4番手、5番手。その状況は今も変わっていないと思う。

最後は、小池百合子都知事。'23年12月の江東区長選、'24年1月の八王子市長選で応援演説をした際、萩生田光一前政調会長に接近した。小池さんにとって、かつては二階俊博元幹事長が自民党とのパイプだったが、萩生田さんに乗り換えた。これは、国政復帰に向けての布石やないか。

派閥がなくなった後も、政策集団の影響力は存続する。総裁選では、相変わらず派閥の論理がものをいうと思うが、なんやかやいうて、安倍派の実力者は萩生田さん。もともと小池さんは安倍派やったし、高市さんに代わって小池さんを総理にと、萩生田さんが動くかもしれん。小池さんが都知事を電撃辞任し、総理を目指すとしても不思議はない。

小池さんの「風」を読む能力は天才的。'92年、細川護熙元総理が旗揚げした日本新党に参加して、ナンバー2になっている。

その後、小沢一郎衆院議員らが結党した新生党に参加し、さらに小泉純一郎元総理にも近づき、小泉内閣では環境相を務めた。そうやって時の権力者に取り入ってきた。

自民が弱体化している今、小池さんにとって総理を狙う好機。71歳になったけど、もうひと花咲かせたいと考えていてもおかしくない。

特別編として、私がおもしろいと思うのは田中眞紀子さん。現在80歳で、終わった人やといわれるけど、アメリカのバイデン大統領も80歳を過ぎ、トランプ前大統領も80歳目前。眞紀子さんは、最近も歯に衣着せぬ発言をし、国民の人気が高い。あえて眞紀子さんを持ち出したくなるのは、ほかの候補の存在感が眞紀子さんほどじゃないということでもある。

【野党の大同団結】

生活必需品の消費税ゼロ、子育て無償化で手を結べ。55年体制の社会党みたいになるな

与党は支持率が低迷しているが、野党も国民のほうを向いていない。

それが明らかになったのが、'24年3月1日の衆院本会議。立憲民主党が、衆院予算委員長に対する解任決議案の趣旨説明を2時間54分もおこなうなどの抵抗をしたが、この戦術は批判を浴びた。

一方、立憲と自民党の両国対委員長の会談により、年度内の予算成立が決まった。その代わり、政治改革に関する特別委員会の設置を自民に確約させたことが、立憲の成果だとも言われている。

しかし、昔ながらの永田町の国対政治を見せつけられた国民にとっては、何やっとんねんという話。

私は今回、久しぶりに衆院本会議を傍聴した。野党は身内で盛り上がっていたが、本来は国

民が拍手喝采するような戦略を取るべき。

政権交代が遠い印象を与える野党の体たらくに、私は残念な思いだ。

まず、野党第一党の立憲は、かつての社会党に近づいているように思う。55年体制の社会党は、自民と争っているように見えて、実際は「国対政治」で着地点を探り、自民と裏で手を握っていた。

立憲の政倫審での追及も、本気を感じられなかった。裏金問題を解明するなら、最低でも証人喚問が必要。案の定、政倫審に出た自民議員の弁明には中身がなかった。

そして、トータルな戦略が見えない。以前、泉健太代表が「今後5年で政権交代を目指す」と言って批判されたが、最近は「救国内閣」とか「ミッション型内閣」と言いだし、次の総選挙で政権交代をすると主張する。しかし、実際に他党に働きかけているわけでもないし、具体策を示しているわけでもない。そもそも、次の衆院選の獲得目標の「150議席」が中途半端。

さらに、人材面でも代わり映えしない。政倫審で目立ったのも、もう見飽きた顔ぶれ。これでは、国民は期待できない。イメージ刷新を図るなら、外から新しい人材を抜擢したほうがいい。そうすれば、新しいヒーロー、ヒロインが現われるかもしれん。

次に日本維新の会は、馬場伸幸代表が自ら白状したように「第二自民党」。政策面で自民と近いということもあるが、選挙でも結果的に自民を利している。関西以外では小選挙区で勝てる見込みもないのに、比例ブロックでの復活当選狙いで候補者を乱立している。自民のために候補者を出しとんのかと思うほど。

とはいえ、維新は市長や知事を獲っている。批判もあるが、政治は結果。たとえ地方でも、「もうひとつの選択肢」を示そうとしていることには意味がある。

立憲の山井和則議員の演説は衆院史上最長を記録。「戦っているフリで、国民の理解は得られんかったね」（泉）

共産党は、野党としては一定の役割を果たしていると思うが、ある意味で〝化石〟。海外の共産党の中には、名前や路線を変えたりしているところもあるが、日本の共産党については変化が乏しい。委員長を女性に替えただけで、イメージが変わるわけやない。共産はいつまで独自路線を貫くんやろか。

国民民主党は、与党か野党かわからん「コウモリ」状態。ガソリン税の上乗せ部分の課税を停止するトリガー条項について、与党と協議すると言いながら、結局、反古にされて協議から離脱してしまった。自民から甘く見られているということやね。

新党「教育無償化を実現する会」は、国民民主から離党した前原誠司氏らが設立した。党員はたった5人で、政党要件は満たしているが、これはひと言でいうと、「第二維新の会」。実際、国会でも維新と統一会派を組んでいて、それにより伸びない状況になっている。

「国民を救う」の一点で大同団結

れいわ新選組には、コアな支持層が数多くいて、地方議員なども次々と誕生しているが、結党当初の爆発的な勢いは感じられない。

代表の山本太郎氏は、'21年の総選挙で「消費税率５％」で立憲、共産、社民の各党と一致したが、裏切られたと言っている。だがそれでも、大同団結を目指すべき。ポイントは、国民のためか、党勢拡大のためか。最近、山本氏は「れいわを大きくする」と言うことが増えてきているように感じるが、「我が党」を中心に考えるんやなく、国民のために、れいわには大同団結の旗を振ってほしい。

与党の公明党は、もともと「福祉の党」と言われ、国民に寄り添うイメージがあった。しかし、与党になってから変質した。

私が国会議員時代だった'00年代前半は、厚労大臣の坂口力さんを筆頭に、まさに「福祉の党」として自民に働きかけていた。ときに政権離脱カードをチラつかせ、与党の中で一定の役割を果たしていた。

ところが、いまや国交大臣ポストを握り、「ザ・自民党」の古い政治に染まり、かつてのような役割も果たせていない。公明は原点に戻るべきではなかろうか。

以上、自民以外のおもな政党についてコメントしてきたが、私自身のスタンスは、無所属市民派。政治の恩師・石井紘基さん（民主党）の遺志を継いで国会議員になったので、そのときだけは民主党員だったが、'05年には離党している。今もとくに支持する政党はないし、敵対している政党があるわけでもない。

ただ今後、国政をダイナミックに変えていくには、やはり政党は無視できない。その際の判断基準は、国民を本気で救う気があるかどうか。右と左、与党と野党という古い対立を脱して、「国民に近いチーム」と「国民から遠いチーム」の対決に持っていきたいと考えている。

とにかく、国民生活を豊かにすること。具体的には、食料品などの生活必需品の消費税ゼロ。そして、子育てにかかる医療費、保育料、給食費などの無償化。さらにはトリガー条項の発動。これらの点で大同団結すればいい。

たんなる野党批判をするつもりはない。ここまで自民も総理も人気がない今が、政権を打倒して、国民を救うチャンスや！

【政権交代を望む世論が5割】

維新は「野党第一党」を目指している場合じゃない。馬場代表は私情を捨てて立憲と組み、自公に引導を

いよいよ政権交代が見えてきた。ANN（テレビ朝日系）が'24年3月16、17日に実施した世論調査では、「自公政権の継続を期待する」が38％なのに対し、「政権交代を期待する」が46％と上回った。

調査では内閣支持率が20・9％と、依然として過去最低の水準をさまよっている。自民党の支持率も35・5％と、かつての野党時代と変わらないぐらいに落ち込んだまま。

それもそのはず。今の自民はあまりにひどい。政倫審にしても、自民議員のびっくりするぐらい開き直った対応に終始した。これでは支持は戻らんやろね。国民は、自民にも岸田内閣にもうんざりしているということや。

世論喚起、大同団結、候補者調整、そして政権交代という流れが、私の「救民内閣」構想のシナリオだが、正直なところまだ早いと思っていた。それが、今はサッカーでいえば、ゴール

前にいきなりボールが転がってきた状態。後はちょこんと蹴るだけ。

問題は、自民に代わる勢力がないこと。野党は相も変わらず支持率が低迷し、国民に期待されていない。「支持政党なし」が、最大野党みたいなもん。だが、状況は変わった。政権交代を求める世論が高まっている今、野党にとって最大のチャンスや。

しかし、'24年3月24日に開かれた日本維新の会の党大会には失望した。ゴール前のボールを反対側に蹴るような内容。

次の総選挙で、野党第一党と与党の過半数割れを目指し、今後3回以内の総選挙で政権獲得を実現する——という活動方針が決定されたが、ツッコミどころが満載。

まず「野党第一党」を目指すというが、それはたんなる立憲民主党への対抗心。立憲と争っても、自公政権の延命を助けるだけ。「我が党」を優先した党利党略にすぎない。実際、馬場伸幸代表は、野党第一党になることは難しいとも明かしている。

それに「与党の過半数割れ」は、言葉だけでどうやるのかがわからん。つまり、維新が連立入りするということやないかと私は疑っている。

「3回以内の総選挙で政権獲得」という目標も、何年待たせんねん！　国民は、今すぐの政権交代を望んでいる。せめて、「直近の総選挙で政権交代を果たす」と言うべき。国民の意識とズレすぎている。

「日本を二大政党にして保守政党同士の改革合戦に持っていく」とも言い、呆れるわ。まさに第二自民党やないか！

そもそも、日本には二大政党の時代なんてほとんどなかった。細川政権以降、ほぼ連立政権。実際、今の選挙制度では二大政党にはならない。なにより、今の維新に二大政党の一角になる力はない。

加えて、いちばん残念だったのが、馬場代表が「できるだけ多く小選挙区に候補を立てる」と明言したこと。有権者は小選挙区で投じた候補と同じ党に比例でも入れようとするから、多くの小選挙区にカカシのような泡沫候補でも立てれば、選挙区で落選しても比例で自党の誰かは当選するという発想。小選挙区で勝つ気がそもそもないわけや。

これでは、選挙区で自民を利するだけ。自民支持が4割なら、残り6割がまとまれば野党が勝てるのだが……。

重複立候補を禁じ、予備選で候補一本化を

与党は、自民と公明党の棲《す》み分けがガッチリとなされている。その与党チームに対し、野党が割れてしまったら、その時点で競り合っている小選挙区では負け。維新は負けに突っ走っていて、結果的に自公を延命させている状況。それこそ、自民から裏金でももらってるんちゃう

かと言われそうな対応や。

野党が勝てないのは、選挙制度にも原因がある。いちばんの問題点は、小選挙区と比例代表ブロックが重複立候補できること。これに関しては、野党同士が合意して重複立候補をやめる。そして、予備選をして候補を一本化すれば、与野党一騎打ちになり、野党勝利の可能性が出てくる。

また、日本では選挙運動の規制が多すぎる。他国では自由にできる戸別訪問が禁止され、ビラの枚数も制限されていて、新人が出にくく現職に有利な制度になっている。

ただ、この理不尽な状況は、法改正をしなくても争点を明確にした政権選択選挙ができれば、解消されるはず。

低投票率も与党に追い風になる。しかし、政権交代の機運が高まれば、投票率がハネ上がるし無党派層も動くから、与党にとって必ずしも有利ではなくなる。

じつは、野党の大同団結は難しくない。立憲と国民民主党は、ほぼ選挙区の棲み分けができている。国民民主から分かれた前原誠司さんの「教育無償化を実現する会」とも共闘可能。共産党も、状況次第では候補を降ろしてくれる。

全国に候補を出す維新が候補者調整に舵を切った瞬間、政権交代が見えてくる。

維新と立憲は国家観が違うというが、自民なんて党内で思想はバラバラ。連立を組む公明も、自民とはスタンスが相当違う。みんな「権力」の一点でくっついているだけ。維新と立憲も、権力掌握が現実的になれば組めるはず。

じつは維新の中にも、立憲との選挙協力を望む議員はいる。吉村洋文大阪府知事や藤田文武幹事長は、候補者調整に舵を切る可能性がある。立憲の野田佳彦元総理も「立憲は関東、維新は関西」と棲み分けを提言しており、それもひとつの手かもしれん。

やはり、維新と立憲が組んで、候補者を一本化さえできれば、一気に状況は変わる。'17年の「希望の党」の結党直後のような流れができるかもしれん。

問題は馬場代表。元自民だし、立憲を極端に嫌っている。馬場代表が変われば維新も変わるやろうけど、当面は難しそう。維新は万博問題や不祥事続きで一時の勢いを失っており、むしろもっと人気がなくなったほうが、大同団結にシフトする可能性がある。

いずれにせよ、維新が鍵を握っている。政権交代か自公政権をのさばらせるのか。どうする維新。

【ギャンブル依存症】

日本人の50人に1人が発症している〝病気〟。大阪市は世論が反発するIR計画を撤回せよ！

大谷翔平選手の元通訳・水原一平氏が違法賭博に関わったとされる問題。私は事実関係を知る由もないが、彼が告白した「ギャンブル依存症」については一家言がある。

私は弁護士として、ギャンブル依存症にともなう犯罪や家庭崩壊に、毎日のように向き合ってきた。

その経験から言うと、ギャンブルは性犯罪や違法薬物と同様、理性の制御を超えた行為。本人の意思でやめることは極めて困難。たんに叩けばすむという、簡単な話ではない。

ところが、「ギャンブル依存症は自己責任」という論調が大勢を占め、それに端を発する「水原叩き」も起こっている。それはおかしい。さらに、学歴詐称疑惑から「あいつはもともと悪い奴だ」とか「嘘つきだ」などと言われているが、そもそも違法賭博とは関係ない。なんでも一緒くたにして人格攻撃に走れば、彼を追い込むだけや。

ギャンブル依存症は、医学的には「精神疾患」とされ、日本でも人口の2〜3%が発症しているといわれている。50人に1人はいる計算で、ありふれた〝病気〟。

加えて、ギャンブルは本人だけでなく、周囲の人間を巻き込む。DV（家庭内暴力）や離婚に繋がる。家のカネを持ち出して、借金もしまくって、最後は破産する。暴力に走る。子供が泣いていても顧みない。子供の進学が妨げられたりもする。お父ちゃんがギャンブルにハマることで、子供たちが泣いている家族を嫌というほど見てきた。

ギャンブルに起因する犯罪も多い。目立つのは横領。会社のカネに手をつけるとか、自治会長が町会費を使い込むとか、例はなんぼでもある。

そして、ギャンブルに必ずついてくるのがサラ金。ギャンブルにのめり込むと、サラ金に手を出すことが多く、よけいに引き返せなくなる。ここまでくるともう終わり。さらにギャンブルをして負けを取り返そうとするが、泥沼にはまるばかり。その現実を見てきた者としては、「ギャンブルはNO」という気持ちがものすごく強い。

ギャンブルの特徴は、勝ったままで終われないこと。勝てばそのカネをまたつぎ込むから、最後は必ず負けて終わる。勝ち逃げができない。負ければ借金をしまくり、家庭が壊れるというパターン。

ギャンブルには経済効果があるといわれるが、ギャンブルそのものは何も生み出さない。客から賭け金を集めた胴元が自らの取り分を確保し、残りを客に分けるから、客は損をするに決まっている。

たとえば競馬、競輪、競艇など、日本の公営ギャンブルの還元率は70～80％。20～30％を胴元が取る。100万円を集めて30万円を胴元が取り、残り70万円を分けるわけやから、儲かるのは胴元だけ。賭けた人間は、どこかで必ず損する仕組みになっている。でも、みんな自分だけは得していると錯覚するから、ギャンブルは成り立つ。

カジノの胴元の取り分は20～30％よりもっと低いが、全体の金額が大きいから儲けは大きくなる。宝くじなんか、胴元の取り分は50％を超える。つまり、賭け金の半分以上をドブに捨てるのと一緒。

推進派は悲惨な現実への想像力が欠如

'24年3月25日にインターネット番組「ＡＢＥＭＡ Ｐｒｉｍｅ」で、ギャンブル依存症について討論した。私はギャンブルに批判的な立場で発言したが、20代の出演者が「わずか3％のギャンブル依存症のために、97％の人の楽しみを奪うのか」と、疑問を投げかけてきた。

これは、私に言わせれば想像力の問題。その3％の人のまわりで、妻や子供の涙が流れているということを意識できるかどうかだと思う。

そして、ギャンブルに手を貸すサラ金もどうにかせんとあかん。明石市長になった1年め、駅前のビルに入る計画だった複数のサラ金業者に出て行ってもらった。サラ金は今も明石市内になくはないが、少なくとも税金が投じられた空間にサラ金を入れないという強い覚悟で臨んだ。

パチンコ店が、再開発計画で出店することも認めなかった。参加する権利があった店と揉めたが、毅然と対応し、代わりに子供の遊び場や図書館を造ったり、大型書店を誘致したりした。これらに関して裁判も起こされたが、最高裁まで争って勝訴した。

また、条例を変えてパチンコ店の出店を規制しようとも考えたが、これは残念ながら実現しなかった。

市長時代にはさらに、'22年9月から「全国ギャンブル依存症家族の会」と連携して相談窓口も開設した。弁護士資格のある専門職員を置き、この問題に詳しい医師とも連携して、テーマに特化した市民相談会を今も続けている。これは全国初で唯一。こうした対策がもっと広がってほしいと思っている。

また、市職員に向けて研修をおこない、「ギャンブル依存症問題を考える会」代表の田中紀子さんを招聘《しょうへい》した。田中さんとは前述の番組で共演した。田中さんは祖父、父、夫に加え、ご本人もギャンブル依存症だったが、今は克服し、当事者の支援をしている。

田中さんは、大阪ＩＲ（統合型リゾート）を推進する日本維新の会や自民党に「ギャンブル依存症対策をするから」と言われ、それを信じて計画に協力した過去がある。結局、依存症対策は進まず、田中さんは「騙された」との思いだそうだ。

依存症の治療のためには、環境を変えることが不可欠。つまり、ギャンブルから遠ざけることが絶対条件や。だから近所にカジノ建設なんて、いちばんやってはならない。

カジノができれば、確実にギャンブル依存症の患者が増え、不幸を招くことになる。

ＩＲ誘致を表明していた横浜市は、市長選を経て撤回した。大阪市も、世論の反発をボディブローのように受けており、今からでも計画中止はあり得ると思っている。子供たちを不幸にするカジノに私は反対。

泉房穂（いずみふさほ）
1963年、兵庫県明石市生まれ、明石市育ち。東京大学教育学部卒。弁護士、社会福祉士。元衆議院議員（2003～2005年）。前明石市長（2011～2023年）。在任中、「5つの無料化」の子供政策など明石市独自の試みや、全国初の旧優生保護法被害者支援条例の制定に尽力した。現在は日本社会を変えるべく全国を奔走中

カバーデザイン／大藪デザイン事務所
イラストレーション／植本 勇
写真／長谷川 新

炎上上等！
タブーなき政治の真実
政権交代、始まる

2024年5月20日　初版第1刷発行

著　者　泉 房穂
発行者　城戸卓也
発行所　株式会社 光文社
〒112-8011　東京都文京区音羽1-16-6
電話　FLASH編集部◯03-3942-7750
書籍販売部◯03-5395-8112
制作部◯03-5395-8128
URL　光文社 https://www.kobunsha.com
印刷所　堀内印刷所
製本所　ナショナル製本

ISBN 978-4-334-10305-7